Lesekompetenz fördern

Sabrina Bonanati
Christian Greiner
Nicole Gruchel
Heike M. Buhl

# Lesekompetenz fördern

Ein Manual für das LIFE-Programm zur Stärkung der Zusammenarbeit von Schule und Elternhaus

Springer

**Dr. Sabrina Bonanati**
Pädagogische Psychologie und
Entwicklungspsychologie
Universität Paderborn
Paderborn, Deutschland

**Christian Greiner**
Grundschule Thune
Paderborn, Deutschland

**Nicole Gruchel**
Pädagogische Psychologie und
Entwicklungspsychologie
Universität Paderborn
Paderborn, Deutschland

**Prof. Dr. Heike M. Buhl**
Pädagogische Psychologie und
Entwicklungspsychologie
Universität Paderborn
Paderborn, Deutschland

ISBN 978-3-658-28342-1      ISBN 978-3-658-28343-8    (eBook)
https://doi.org/10.1007/978-3-658-28343-8

Die Deutsche Nationalbibliothek verzeichnet diese Publikation in der Deutschen Nationalbibliografie;
detaillierte bibliografische Daten sind im Internet über ▶ http://dnb.d-nb.de abrufbar.

Illustrationen: Ricarda Kurock, Lippstadt, Deutschland

Planung/Lektorat: Eva Brechtel-Wahl
Springer ist ein Imprint der eingetragenen Gesellschaft Springer Fachmedien Wiesbaden GmbH und ist
ein Teil von Springer Nature.
Die Anschrift der Gesellschaft ist: Abraham-Lincoln-Str. 46, 65189 Wiesbaden, Germany

# Geleitwort Caroline Villiger Hugo

Wenn Sie sich dafür interessieren, wie Schule und Eltern bei der Leseförderung noch besser zusammenarbeiten können, dann halten Sie das richtige Buch in den Händen. Das Programm LIFE, das in diesem Buch vorgestellt wird, überzeugt in mehrerer Hinsicht:

Es setzt inhaltlich in einem enorm wichtigen Bereich, nämlich dem Lesen, an. Lesen gilt als Schlüsselkompetenz in unserer Informations- und Kommunikationsgesellschaft und ist bei weitem nicht nur für den schulischen Erfolg, sondern auch für die gesellschaftliche Teilhabe, die berufliche Integration und die Persönlichkeitsentwicklung von hoher Bedeutung. Während der Schule bei der Vermittlung der Lesekompetenz die Hauptrolle zukommt, haben Eltern einen nicht weniger wichtigen Auftrag bei der Leseförderung: Sie können dem Kind die Bedeutung des Lesens im Alltag aufzeigen, indem sie es an unterschiedlichen Orten mit Schriftsprache bewusst in Berührung bringen, ihm den Reichtum und die Vielfalt der Bücherwelt zugänglich machen und als Leser oder Leserin im Alltag und in der Freizeit Vorbild sind.

LIFE bringt diese beiden Lebenswelten – Schule und Familie – zusammen, nutzt ihre Komplementarität und stärkt zudem die Zusammenarbeit zwischen den beiden Instanzen. Dieses Vorgehen birgt ein Potenzial an Wirkkraft über den Bereich des Lesens hinaus: Es wird nicht nur angestrebt, Förderbemühungen im Bereich des Lesens aufeinander abzustimmen und an gemeinsamen Zielen auszurichten, sondern die Veranstaltungen bieten Gelegenheit für informelle Gespräche und Begegnungen zwischen Lehrkräften, Eltern und Kindern außerhalb von Elternsprechtagen. Für eine gelingende Zusammenarbeit von Schule und Eltern sind derartige Begegnungen ganz zentral. Weil das Programm im ersten Grundschuljahr durchgeführt wird, kann somit ein solider Grundstein für eine konstruktive Zusammenarbeit zwischen den beiden Instanzen gelegt werden.

Das Konzept von LIFE orientiert sich an einschlägigen Theorien zum Schriftspracherwerb, zu Leseförderung und Family Literacy und ist evidenzbasiert, d. h. es stützt sich auf empirische Erkenntnisse darüber, welche Maßnahmen im Bereich der Leseförderung zielführend sind. In den vergangenen Jahren haben bereits ca. 350 Kinder und ihre Eltern am Programm teilgenommen. Die Evaluation der Durchführungen hat positive Effekte auf das Leseverständnis, auf das Leseverhalten und auf das Selbstbewusstsein der Eltern hinsichtlich der Unterstützung ihrer Kinder nachweisen können. Die Programmziele können somit als eingelöst betrachtet werden.

Das Buch bietet einen systematischen Einblick in das Konzept von LIFE, erklärt den theoretischen Hintergrund und beschreibt konkret und anschaulich, wie das Programm durchzuführen ist. Ausführliche Anleitungen, detaillierte Planungsvorlagen für jede Veranstaltung und Hinweise auf Materialien zum Download bieten alle nötigen Grundlagen, um LIFE erfolgreich umzusetzen.

Das Programm LIFE legt insgesamt ein erfolgversprechendes Konzept vor, wie der Schriftspracherwerb bei Kindern des ersten Grundschuljahres gefördert und die Zusammenarbeit von Schule und Eltern in diesem spezifischen Bereich der Leseförderung gestärkt werden kann. Die gleichzeitige theoretische Fundierung und detaillierten Hinweise zu der Programmumsetzung inklusive nutzbarer Materialien machen daraus ein verlässliches, unverzichtbares Instrument für die Schulpraxis, das nicht zuletzt zukunftsweisenden Charakter für die Schulentwicklung hat.

**Prof. Dr. Caroline Villiger Hugo**
Professorin an der Pädagogischen Hochschule Bern (Schweiz) und
Leiterin des Schwerpunktprogramms „Familie – Bildung – Schule"

# Geleitwort von Beate Schäfers

Sie möchten wissen, was Löwen unternehmen, wenn sie nicht schreiben können, wie ein Obstsalat zur richtigen Silbentrennung verhelfen kann, warum eine Glücksnuss eine abenteuerliche Weihnachtsreise gut ausgehen lässt, vom Winde verwehte Buchstaben am Baum zu Wörtern werden oder eine Königin der Farben kleine Theaterstücke entstehen lässt?

Die Antworten können Ihnen viele hundert Grundschulkinder in Paderborn geben. Sie haben in den letzten Jahren die erste Klasse besucht und an dem LIFE-Projekt der Universität Paderborn teilgenommen. Diese Kinder werden Ihnen erklären, dass sie mit ihrer Mutter, ihrem Vater, ihrer Oma oder ihrem Opa im Laufe des ersten Schuljahres nachmittags in die Schule gekommen sind, um sich mit anderen Schülerinnen und Schülern und Familienmitgliedern zu treffen und um in der LIFE-Gruppe das **LESEN zu ERLEBEN.** Sie werden Ihnen verständlich machen, dass Bücher nicht nur zum Vorlesen da sind, sondern genauso zum Basteln, Backen, Malen, Singen, Theaterspielen, Puzzeln, Spielen und einfach nur zum Staunen. Für all diese Dinge brauchten sie einen lieben Menschen an ihrer Seite, eine vertraute Person aus ihrer Familie. Sie erfahren, dass das **Lesenlernen** und **Lesenerleben** nicht ausschließlich im Unterricht stattfindet, sondern genauso gemeinsam in ihrer Familie. Kinder, Familie und Schule bilden bei diesem Prozess eine Einheit.

Auch in Wewer treffen sich jedes Jahr ungefähr 20–30 Erstklässler mit jeweils einem Familienmitglied an sechs bis acht Nachmittagen, um das Lesen zu erleben. Unter der Leitung eines Teams, das aus Uni-Mitarbeitern und Lehrkräften besteht, nehmen sie an den Veranstaltungen teil, die über das ganze erste Schuljahr verteilt sind. Die Motivation vonseiten der Kinder ist jedes Mal sehr hoch, sie genießen die Lese- und Schreibaktivitäten, an denen sie gemeinsam mit einem Familienmitglied in ihrem Klassenraum teilnehmen können. Jede Veranstaltung basiert auf einem ausgewählten Bilderbuch, zu dem die Kinder gemeinsam mit den Erwachsenen unter Anleitung basteln, spielen, schreiben, lesen, singen und kreativ sein können. Die angenehme und ungezwungene Atmosphäre regt die Kinder und die Eltern an, sich mit Büchern auf vielfältige Weise auseinander zu setzen. Die Zusammenarbeit von Schule und Elternhaus wird durch diese regelmäßigen Veranstaltungen intensiviert. Im Laufe des Nachmittags entstehen viele lockere Gespräche zwischen Kindern, Eltern und Lehrkräften. Das gemeinsame Ziel des Lesenlernens aus dem schulischen Kontext wird in eine fast familiäre Situation übertragen. Mit viel Freude erstellen die Teilnehmer zum Abschluss ein gemeinsames Kochbuch, das an die Zeit im LIFE-Projekt erinnert. Die häufigen Anfragen von Kindern und Erwachsenen, warum LIFE nicht auch noch im 2. Schuljahr stattfindet, zeigen, dass es sich lohnt, auf diese Art Kinder auf dem Weg zum selbstständigen Lesenlernen zu fördern, Eltern als Begleiter beim Lesenlernen ihrer Kinder zu unterstützen und die Zusammenarbeit von Schule und Elternhaus ab der ersten Klasse zu stärken.

Eins ist sicher, nach den LIFE-Veranstaltungen wissen die Eltern, was ihre kleinen „Löwen" brauchen, um Lesen zu lernen!

**Beate Schäfers**
Konrektorin der Almeschule in Paderborn-Wewer
(eine von vier Paderborner Kooperationsschulen des LIFE-Projekts)

# Vorwort

Lesen und Schreiben sind zwei wichtige Basiskompetenzen, die eine aktive Teilhabe am gesellschaftlichen und kulturellen Leben ermöglichen. Zu Beginn der ersten Klasse sind die meisten Kinder motiviert, Lesen und Schreiben zu lernen. Viele Kinder kommen sogar bereits mit ersten Lese- und Schreibfertigkeiten in die Schule. Vor der Bildung durch Sie als Pädagogen und Pädagoginnen, die die ersten Ansprechpersonen für den formalen Schriftspracherwerb in die Schule sind, machen Ihre Schüler und Schülerinnen bereits eine Vielzahl an Erfahrungen, die das Lesen- und Schreibenlernen unterstützen. Kindergarten, Schule, Familie und auch Freunde sind damit gleichermaßen bedeutende Sozialisationsinstanzen beim Lesekompetenzerwerb. Vor der Einschulung kommen Kinder besonders im familiären häuslichen Umfeld mit verschiedenen Möglichkeiten, Sprache, Schrift und Literatur kennenzulernen, in Kontakt. Je anregungsreicher diese familiäre Umwelt ist, d. h. je mehr und vielfältigere Erfahrungen Kinder bereits vor der Einschulung mit Sprache, Schrift und Literatur gemacht haben, umso leichter fällt Kindern häufig das Lesen- und Schreibenlernen. Allerdings sieht die häusliche Lernumwelt in Deutschland sehr unterschiedlich aus und hängt stark von Herkunft und Bildungshintergrund ab. Mit der Einschulung übernimmt die Schule den formellen Schriftspracherwerb. Das heißt, nun beginnen Kinder strukturiert, je nach Lese- und Schreibdidaktik der entsprechenden Schule, das Lesen und Schreiben zu lernen. Der Unterschied zum häuslichen Lernen besteht darin, dass das Lernen nun geplant ist, wohingegen in der Familie Lernsituationen oft spontan und sehr alltagsorientiert entstehen. Beides hat seine Vorteile und seine Berechtigung.

Um die Vorteile des Lesen- und Schreibenlernens beider Sozialisationsinstanzen zusammenzubringen, wurde seit 2012 das Family Literacy-Programm „LIFE – Lesen in Familie erleben" entwickelt. Im Laufe der sechs vergangenen Programmjahre sind eine Reihe von Family Literacy-Veranstaltungen konzipiert und in unterschiedlichen Programmreihen und Grundschulen erprobt worden. Ziel aller Veranstaltungen ist es, Schule, Eltern und Kinder zum Thema Lesenlernen zusammenzubringen und Kommunikation zu diesem Thema zu fördern. Eltern erhalten durch die Veranstaltungen sofort zu Beginn des ersten Schuljahres einen Einblick in die Grundschulen und den Schriftspracherwerb ihrer Kinder. Kindern wird durch die Veranstaltung neben dem regulären Unterricht und der häuslichen Lernumgebung eine weitere schriftsprachbezogene Förderung ermöglicht. Schulen haben die Chance, Kinder mit ihren Eltern in einem unbefangenen Raum – anders als am Elternsprechtag und Elternabend – bei der aktiven Auseinandersetzung mit Sprache, Schrift und Literatur kennenzulernen sowie die Kooperation mit Eltern informell zu stärken. Letztere hat grundsätzlich einen hohen Wert für die schulische Entwicklung des Kindes, da sie dazu dient, schulische, elterliche und kindliche Bemühungen und Erwartungen aufeinander abzustimmen und somit an gemeinsamen Zielen auszurichten. Vor dem Hintergrund der seit Jahren schwelenden Diskussionen um Sinn und Erfolg aktueller Didaktik des Schriftspracherwerbs und der damit verbundenen Sorgen und Vorbehalte bei vielen Eltern erscheint ein solches Vorgehen umso notwendiger.

Im vorliegenden Veranstaltungsmanual werden neun Veranstaltungen des Family Literacy-Programms „LIFE – Lesen in Familie erleben" vorgestellt und beschrieben. Ziel des Manuals ist es, die Veranstaltungskonzeption und das Material Schulen und weiteren Bildungsinstitutionen möglichst leicht zugänglich zu machen, sodass ohne viel Vorbereitungsaufwand Family Literacy-Veranstaltungen geplant und durchgeführt werden können. Dies kann in einer Einzelveranstaltung geschehen, aber auch wie im Programm „LIFE – Lesen in Familie erleben" schuljahresbegleitend innerhalb einer Veranstaltungsreihe.

Im Manual erfolgt zunächst eine kurze Einführung in das Konzept „Family Literacy", auf dem das Programm „LIFE – Lesen in Familie erleben" basiert. Darauf aufbauend werden die theoretischen, empirischen und praktischen Hintergründe des Programms erläutert. Im zweiten Teil des Manuals finden sich Beschreibungen zu jeder Veranstaltung. Diese Beschreibungen werden ergänzt durch eine Materialsammlung in ► Kap. 5 am Ende des Manuals und durch Material, das auch unter ► https://link.springer.com/book/10.1007/978-3-658-28343-8 heruntergeladen werden kann.

**Sabrina Bonanati**
**Christian Greiner**
**Nicole Gruchel**
**Heike M. Buhl**

# Danksagung

Dieses Manual ist unter der Mitarbeit vieler verschiedener Personen seit 2012 entstanden. Wir danken insbesondere der Almeschule Wewer, der Grundschule Sande, der Lutherschule und der Bonifatiusschule in Paderborn. Sie haben uns stets ihr Vertrauen entgegengebracht, uns unterstützt und in der Organisation und Konzeption des Programms kompetent und mit großem Engagement begleitet. Wir danken außerdem, Dr. Benjamin Uhl für die hilfreiche Beratung zu fachdidaktischen Themen.

Des Weiteren danken wir allen Studierenden der Universität Paderborn, die ebenfalls sehr engagiert und immer interessiert an der Programmdurchführung beteiligt waren.

Alle Illustrationen stammen von Ricarda Kurock. Dafür danken wir ihr vielmals.

Großer Dank gilt Caroline Villiger Hugo und Beate Schäfers für die Geleitwörter.

# Inhaltsverzeichnis

# Family Literacy

**1**

Dieses Kapitel enthält einen Überblick über die theoretische Fundierung des Family Lite-racy-Programms „LIFE – Lesen in Familie erleben". Das Konstrukt „Family Literacy" wird erklärt sowie grundlegende theoretische Annahmen zur Lese- und Schreibkompetenz-förderung durch Zusammenarbeit von Schule und Elternhaus erläutert. Im Zentrum steht das ORIM-Modell, welches verschiedene Ebenen veranschaulicht, auf denen elterliche Unterstützung beim Lesenlernen ansetzen kann.

Der Begriff „Family Literacy" setzt sich zusammen aus zwei Aspekten. Der erste Aspekt beschäftigt sich mit der Familie (Family), der zweite mit der Lesekompetenz (Literacy). Im Konstrukt Family Literacy wird die Bedeutung der Institution Familie für den Lese-kompetenzerwerb reflektiert. Unter Family Literacy werden grob drei unterschiedliche Bereiche verstanden (Nickel 2007; Rodríguez-Brown 2011; Villiger 2011; Wasik 2004; Wiescholek 2018), die für das vorliegende Programm relevant sind und daher im Fol-genden vorgestellt werden:

1. Family Literacy umfasst die Beschreibung literaler Praktiken in der Familie.
2. Family Literacy umfasst die Beschreibung der Zusammenarbeit, Kommunikation und Überlappung von Verantwortlichkeiten beim Erwerb von Lesekompetenz zwischen Elternhaus und Schule.
3. Family Literacy umfasst generationsübergreifende Interventionsprogramme mit Bezug auf den Lesekompetenzerwerb.

Mit dem ersten Bereich von Family Literacy wird die Bedeutung von Familie als informelle Sozialisationsinstanz für das Leselernen der Kinder betont. Damit wird herausgestellt, dass Lesenlernen nicht erst mit dem Eintritt in die Schule, sondern als Sozialisationsprozess schon vor Einschulung im Elternhaus beginnt. Der Einfluss der Familie oder genauer des häuslichen Anregungsgehaltes der Familie auf verschiedene Aspekte des Lesekompetenzerwerbs von Kindern (Entwicklung des Wortschatzes, phonologische Bewusstheit, Leseleistung, Lesehäufigkeit und Lesemotivation) konnte mittlerweile in vielen Studien aufgezeigt werden (Baker und Scher 2002; Hilkenmeier et al. 2019; McElvany et al. 2009; Niklas et al. 2013; Wiescholek et al. 2018). Eine posi-tive Unterstützung der Eltern vor und bei Schuleintritt kann dabei den Kindern das Lesenlernen erleichtern. Diesbezügliche Unterstützungsmöglichkeiten werden am ORIM-Modell am Ende des Kapitels sowie in den jeweiligen Veranstaltungszielen kon-kretisiert. Viele Eltern sind jedoch unsicher, wie das Lesenlernen des Kindes überhaupt funktioniert und wie sie ihr Kind dementsprechend ausgehend von ihren Fähigkeiten und Ressourcen in angemessener Weise unterstützen können. Besonders nach der Ein-schulung kommen weitere Unsicherheiten aufseiten der Eltern hinzu, zumal viele Eltern mit neuen Formen und Konzepten des Schriftspracherwerbs nicht vertraut sind oder diesen sogar eher skeptisch gegenüberstehen.

Um die Unterstützungsfähigkeiten der Eltern zu stärken, ist eine gute Zusammen-arbeit zwischen dem Elternhaus und der Schule sehr wichtig. Bei „LIFE – Lesen in Fami-lie erleben" erwerben Eltern auf der einen Seite Wissen über den Leselernprozess und erhalten Tipps und Anregungen zur Unterstützung. Auf der anderen Seite wird Eltern aber auch ein Einblick in die schulische Arbeit zum Schriftspracherwerb ermöglicht, um so schon zu Beginn der ersten Klasse auf der Basis von möglichst viel Transparenz eine produktive Kooperation zu stärken (Wiescholek et al. 2016).

Mit dem zweiten Bereich von Family Literacy, der Zusammenarbeit von Elternhaus und Schule beim Lesekompetenzerwerb der Kinder, wird die Bedeutung der
Kooperation zwischen diesen beiden Institutionen angesprochen. Auf der einen
Seite steht die Schule als formeller Bildungsort, auf der anderen Seite die Familie als
informeller Bildungsort. Eltern können zu Hause in schulische Belange ihrer Kinder involviert sein, indem sie diese zum Beispiel bei ihren Hausaufgaben unterstützen.
Eltern können sich aber auch in der Schule für ihre Kinder und das Schulleben ein-
setzen. Eine gute Kooperation und Kommunikation dieser Institutionen kann das elterliche Unterstützungsverhalten bei schulischen Belangen des Kindes stärken und somit
auch die Leistung, soziale Entwicklung und Motivation von Kindern fördern (Hill und
Tyson 2009; Jeynes 2005; Jeynes 2011).

Eine Möglichkeit, eine solche sehr inhaltsspezifische Kooperation zwischen Elternhaus und Schule zu fördern bzw., wenn nicht vorhanden, zu initiieren und eine Ver-
bindung zwischen formellen und informellen Lernorten zu schaffen, sind Family
Literacy-Programme. Sie umfassen Interventionsprogramme zum Schriftspracherwerb,

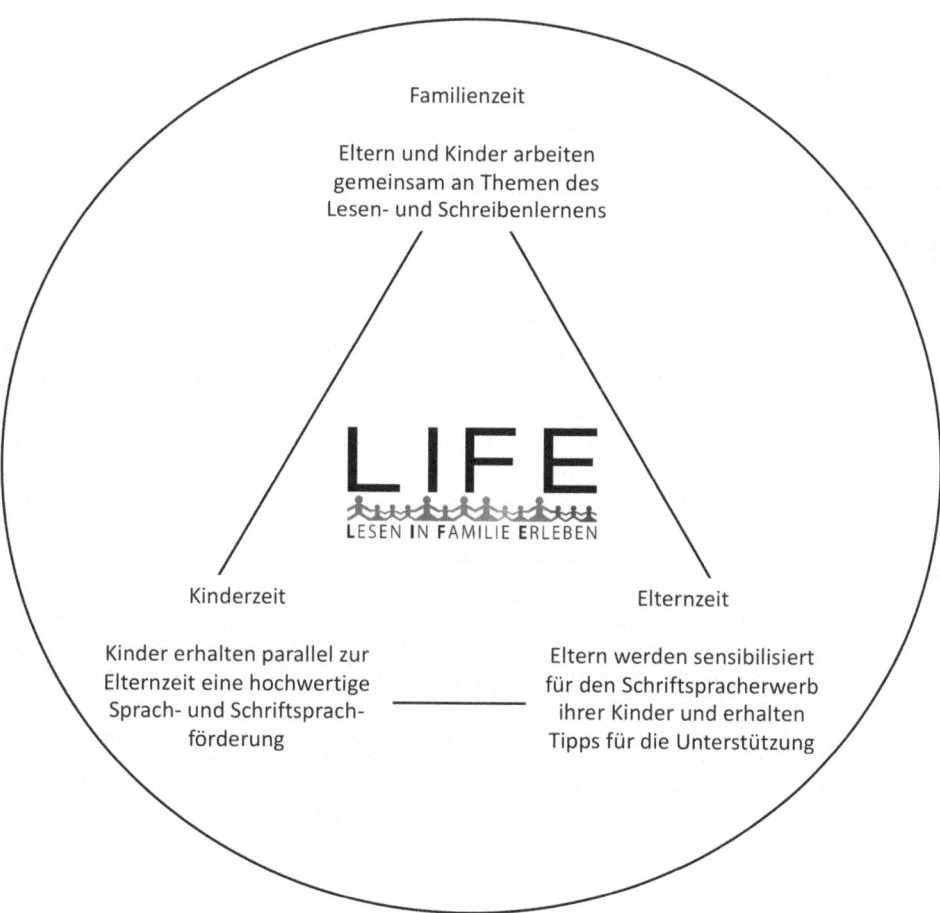

◘ **Abb. 1.1** Bausteine der LIFE-Veranstaltungen aus Wiescholek (2018). (Abbildung nach Nickel 2007)

**1**

mit denen generationsübergreifend Bildung und Lernen von Kindern und Erwachsenen (Eltern und Lehrkräften) verknüpft wird (Ouane 2007). Auf der Grundlage der Basic Skills Agency (BSA), die im angelsächsischen Sprachraum Anfang der 1990er erste große Pilotprojekte zur Family Literacy-Förderung startete, verfolgen Family Literacy-Programme folgende Ziele:

- Auf direkte Art und Weise sollen Kinder in ihren schriftsprachlichen Kompetenzen gefördert werden.
- Des Weiteren sollen Eltern in ihren Unterstützungsfähigkeiten für die schulische Begleitung ihrer Kinder gestärkt werden.
- Die Förderung der sprachlichen Fähigkeiten und des Wissens über den Schriftspracherwerb der Kinder selbst soll bei Eltern zu einem größeren Selbstbewusstsein führen.
- Auf indirekte Art und Weise soll in interaktiven Lese- und Schreibaktivitäten Nutzen auf der Seite der Kinder entstehen (No Child Left Behind Act of 2001. P.L. 107-110, 2002).

Umsetzung finden diese Ziele in drei Programmbausteinen, die auch als Grundlage für das Family Literacy-Programm „LIFE – Lese in Familie erleben" dienen: der Familienzeit, in der Eltern und Kinder in gemeinsamer Interaktion auf spielerische Art und Weise schriftsprachliche Themen bearbeiten, der Kinderzeit, in der Kinder an schriftsprachlicher Förderung teilnehmen, und der Elternzeit, in der Eltern die Möglichkeit erhalten, ihr eigenes Wissen über den Schriftspracherwerb zu erweitern, alltägliches Wissen zu reflektieren und neue Anreize für Unterstützungsverhalten geboten bekommen (vgl. ◘ Abb. 1.1; Nickel 2007).

Eine weitere Grundlage für die Gestaltung von Family Literacy-Förderung bietet das ORIM-Modell von Nutbrown und Hannon (1997) sowie Nutbrown et al. (2005). Auf vier verschiedenen Ebenen wird veranschaulicht, wo elterliche Unterstützung beim Lesenlernen ansetzen kann. Zugleich wird dargestellt, welche Aspekte der elterlichen Unterstützung beim Lesenlernen gestärkt werden können. Diese Ebenen und ihre Bedeutung sind in ◘ Tab. 1.1 dargestellt.

◘ **Tab. 1.1**   ORIM-Modell von Nutbrown et al. (2005), Hannon et al. (2007)

| Ebene | Erläuterung |
|---|---|
| Opportunities | Die Aufmerksamkeit der Eltern stärken, Möglichkeiten im Alltag zu entdecken, bei denen sie sich mit ihrem Kind zusammen mit Sprache, Schrift und Literatur beschäftigen können |
| Recognition | Durch Erweiterung des Wissens der Eltern über den Schriftspracherwerb ihren Blick für schon kleine Lernfortschritte beim Lesen- und Schreibenlernen ihrer Kinder sensibilisieren, sodass sie ihren Kindern an passenden Stellen die nötige Anerkennung und Wertschätzung zeigen können |
| Interaction | Förderung der Interaktion zwischen Eltern und Kind durch das Kennenlernen und Ausprobieren von neuen Interaktionsformen rund um Sprache, Schrift und Literatur |
| Model | Eltern ihre Vorbildfunktion in der Lesesozialisation der Kinder bewusstmachen und diese bei der Interaktion während Family Literacy-Veranstaltungen bewusst einfordern und Eltern ausüben lassen |

# Literatur

Baker, L., & Scher, D. (2002). Beginning reader's motivation for reading in relation to parental beliefs and home reading experiences. *Reading Psychology, 23*(4), 239–269.

Hannon, P., Brooks, G., & Bird, V. (2007). Family Literacy in England. In M. Elfert (Hrsg.), *Gemeinsam in der Sprache baden. Family literacy; internationale Konzepte zur familienorientierten Schriftsprachförderung* (S. 10–31). Barcelona: Klett Sprachen.

Hilkenmeier, J., Bonanati, S., & Buhl, H. M. (2019). Bedingungen elterlichen Schulengagements beim Lesen im Grundschulalter. Eine Untersuchung relevanter Prozessmerkmale. *Zeitschrift für Soziologie der Erziehung und Sozialisation, 39*(1), 24–40.

Hill, N. E., & Tyson, D. F. (2009). Parental involvement in middle school: A meta-analytic assessment of the strategies that promote achievement. *Developmental Psychology, 45*(3), 740–763.

Jeynes, W. H. (2011). *Parental involvement and academic success.* New York: Routledge.

Jeynes, W. H. (2005). A meta-analysis of the relation of parental involvement to urban elementary school student academic achievement. *Urban Education, 40*(3), 237–269.

McElvany, N., Becker, M., & Lüdtke, O. (2009). Die Bedeutung familiärer Merkmale für Lesekompetenz, Wortschatz, Lesemotivation und Leseverhalten. *Zeitschrift für Entwicklungspsychologie und Pädagogische Psychologie, 41*(3), 121–131.

Nickel, S. (2007). Family Literacy in Deutschland. In M. Elfert (Hrsg.), *Gemeinsam in der Sprache baden. Family literacy; internationale Konzepte zur familienorientierten Schriftsprachförderung* (S. 65–84). Barcelona: Klett Sprachen.

Niklas, F., Möllers, K., & Schneider, W. (2013). Die frühe familiäre Lernumwelt als Mediator zwischen sturkturellen Herkunftsmerkmalen und der basalen Lesefähigkeit am Ende der ersten Klasse. *Psychologie in Erziehung und Unterricht, 60*(2), 94–111.

No Child Left Behind Act of 2001. P.L. 107-110. (2002), U.S. Department of education. Zugriff am 30.03.2017. ► https://www2.ed.gov/nclb/overview/intro/execsumm.pdf.

Nutbrown, C., & Hannon, P. (1997). *Early literacy education with parents: A professional development manual.* Nottingham: NES-Arnold.

Nutbrown, C., Hannon, P., & Morgan, A. (2005). *Early literacy work with families: Policy, practice and research.* London: SAGE.

Ouane, A. (2007). Vorwort. In M. Elfert (Hrsg.), *Gemeinsam in der Sprache baden. Family literacy; internationale Konzepte zur familienorientierten Schriftsprachförderung.* Barcelona: Klett Sprachen.

Rodríguez-Brown, F. V. (2011). A current view of research on parents and children learning together. In M. L. Kamil (Hrsg.), *Handbook of reading reasearch* (pp. 726–753). New York: Routledge.

Villiger, C. (2011). *Familiäre und schulische Beiträge zur Leseförderung: Eine vergleichende Interventionsstudie. Dissertation zur Erlangung des Doktorgrades.* Göttingen: Universität Göttingen.

Wasik, B. H. (Hrsg.). (2004). *Handbook of family literacy.* Mahwah: Erlbaum.

Wiescholek, S. (2018). *Lesen in Familien mit Family Literacy. Elterliche Unterstützung beim Lesekompetenzerwerb in der ersten Klasse.* Wiesbaden: Springer VS.

Wiescholek, S., Hilkenmeier, J., & Buhl, H. M. (2016). Transparenz im Schriftspracherwerb durch Family Literacy am Beispiel von „LIFE – Lesen in Familie erleben". In K. Moegling & S. Schude (Hrsg.), *Theorie und Praxis transparenten Unterrichts und transparenter Schulorganisation* (S. 267–275). Immenhausen: Prolog.

Wiescholek, S., Hilkenmeier, J., Greiner, C., & Buhl, H. M. (2018). Six-year-olds' perception of home literacy environment and its influence on children's literacy enjoyment, frequency, and early literacy skills. *Reading Psychology, 1*(39), 41–68.

# LIFE – Lesen in Familie erleben

© Springer Fachmedien Wiesbaden GmbH, ein Teil von Springer Nature 2020
S. Bonanati et al., *Lesekompetenz fördern*, https://doi.org/10.1007/978-3-658-28343-8_2

**2**

Kap. 2 gibt eine Einführung in das Family Literacy-Programm „LIFE – Lesen in Familie erleben". Neben einem Überblick über die Entstehung und Wirkung des Programms werden die zentralen Programmelemente erläutert. Es werden die didaktischen Ansätze und die inhaltliche Ausrichtung dargestellt sowie prototypische Vorschläge für den Programmaufbau und den Ablauf einzelner Veranstaltungen gegeben.

„LIFE – Lesen in Familie erleben" ist ein Family Literacy-Programm, das vom Fach Pädagogische Psychologie und Entwicklungspsychologie der Universität Paderborn entwickelt wurde. Das Programm wurde 2013 an einer Paderborner Grundschule pilotiert und ist mittlerweile an mehreren Grundschulen etabliert. ◘ Abb. 2.1 veranschaulicht die Entwicklung der Programmanmeldungen der letzten sechs Jahre. Insgesamt nahmen bislang ca. 350 Eltern mit ihren Kindern am Programm teil. Die Anzahl der Anmeldungen von Eltern stieg in den vergangenen sechs Jahren (bis auf Jahrgang 2018/2019) stetig an.

Als Vorbild für die Konzeption bzw. Entwicklung von „LIFE – Lesen in Familie erleben" diente das Family Literacy-Programm FLY aus Hamburg (Elfert und Rabkin 2007). Ähnlich wie bei FLY sind die oben beschriebenen drei Elemente der Basic Skill Agency (BSA) und des National Center for Family Literacy (NFCL) – die Familienzeit, die Kinderzeit und die Elternzeit – grundlegend für die Gestaltung jeder Veranstaltung (vgl. ◘ Abb. 1.1). Anders als bei FLY oblag die Organisation und Konzeption der einzelnen Veranstaltungen nicht den am Programm teilnehmenden Schulen selbst. Die Veranstaltungen wurden von dem Projektteam der Universität Paderborn unter Mitarbeit der Sprachdidaktik Deutsch und der am Programm teilnehmenden Schulen entwickelt. Wichtig war uns eine theoretische Fundierung im Hinblick auf den Schriftspracherwerb der Kinder in der ersten Klasse und in Bezug auf Forschungsergebnisse zur elterlichen Unterstützung. Das Curriculum der neun Veranstaltungen orientiert sich deshalb am Lesekompetenzerwerb der ersten Klasse und bezieht sich auf elterlicher Seite auf die im ORIM-Modell veranschaulichten Unterstützungsaspekte von Eltern (siehe ◘ Tab. 1.1). Die Ziele und Inhalte jeder einzelnen Veranstaltung werden bei den Veranstaltungsbeschreibungen weiter erläutert.

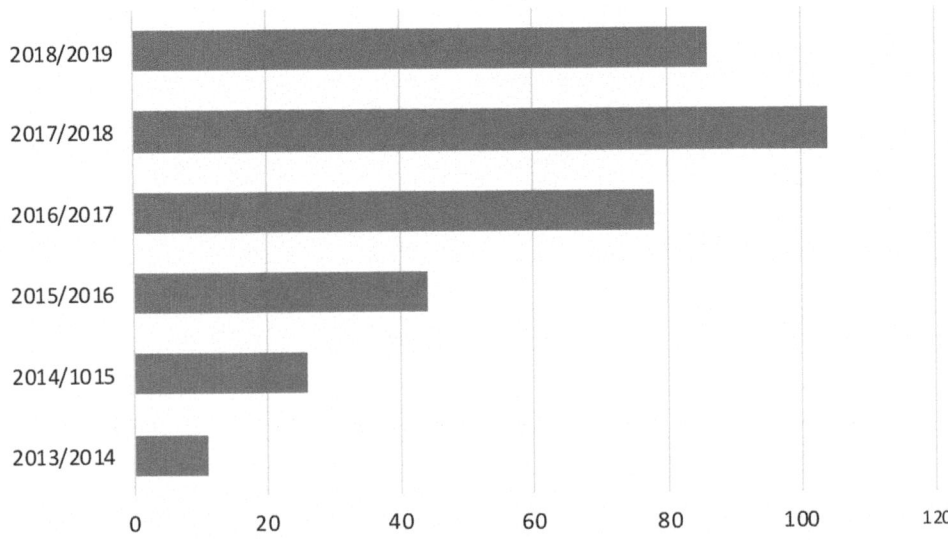

◘ **Abb. 2.1**    Anzahl der Anmeldung beim LIFE-Programm

Dieses Manual gibt eine Einführung in die Inhalte und Umsetzung dieser neun Veranstaltungen von LIFE. Sie sind gezielt dazu konzipiert, Eltern und Kinder während des Schriftspracherwerbs der Kinder zu begleiten. Die LIFE-Veranstaltungen finden im Gegensatz zu im Elternhaus stattfindenden Family Literacy-Programmen in der Schule statt. Dadurch wird nicht nur der Schriftspracherwerb der Kinder und das elterliche Schulengagement gefördert, sondern auch die Zusammenarbeit von Elternhaus und Schule. Eltern und Kinder nehmen dazu gemeinsam am Programm teil, Lehrkräfte sind entweder eingeladen oder in die Moderation eingebunden. Eine Gruppengröße von acht bis 15 Eltern-Kind-Paaren hat sich in den vergangenen Jahren als günstig erwiesen. Es ist aber auch möglich, die Veranstaltungen mit 20 Eltern-Kind-Paaren durchzuführen. Hier bietet es sich jedoch an, einen Ausweichraum für die interaktiven Arbeitsphasen zur Verfügung zu stellen. Neben den Eltern können auch Großeltern oder andere Bezugspersonen am Programm teilnehmen, auch in wechselnder Konstellation mit dem Kind. Dabei stehen folgende Ziele in Bezug auf die einzelnen Akteure im Vordergrund:

- Kinder sollen in ihrem Lesekompetenzerwerb unterstützt werden. Dabei sind zentrale Inhalte die Förderung des Leseverständnisses (Wort-, Satz-, und Textverständnis), die Förderung der Vertrautheit und des Umgangs mit Büchern, die Stärkung der Lesemotivation und Lesehäufigkeit sowie die Förderung der phonologischen Bewusstheit als wichtiger Vorläufer für das Lesefertigkeit.
- Eltern sollen als Begleiter ihrer Kinder beim Lesekompetenzerwerb in ihrer Unterstützerrolle gestärkt werden. In den Veranstaltungen erhalten Eltern Einblicke und Anregungen, wie sie ihr Kind beim Leselernen unterstützen können, und werden dadurch in ihrem Selbstbewusstsein bei der Unterstützung gestärkt. Programmziele für Eltern orientieren sich an dem ORIM-Modell (vgl. ◨ Tab. 1.1).
- Für Schulen bietet LIFE die Möglichkeit, einen informelleren Raum zum fachspezifischen Austausch mit Eltern zu schaffen, neben formalisierten Kontakten, die bspw. an Elternsprechtagen und Elternabenden stattfinden. Gerade durch die in den Veranstaltungen herrschende entspannte und lockere Atmosphäre stärkt LIFE die Zusammenarbeit zwischen Elternhaus und Schule ab der ersten Klasse, bietet Raum für an die individuellen Voraussetzungen der Eltern angepassten Austausch und zeigt dafür neue Perspektiven auf.

## 2.1 Baukastenprinzip bei LIFE

Da LIFE verschiedene didaktische Ansätze, aber auch – allein durch die unterschiedlichen Akteure (Eltern, Kinder, Lehrkräfte, Schulen) und das generationsübergreifende Lernen – verschiedene inhaltliche Ausrichtungen vereint, bietet es sich an, die didaktischen und inhaltlichen Aspekte von LIFE als Baukasten zu denken und danach zu strukturieren. Dies ermöglicht es zusätzlich, die inhaltliche Ausrichtung von LIFE auf den Lesekompetenzerwerb leicht auf andere thematische Schwerpunkte zu übertragen.

## 2.1.1 Didaktische Ansätze

Didaktische Orientierung und Hilfe bei der Veranstaltungskonzeption bieten zum einen die drei Veranstaltungselemente von Family Literacy der Basic Skills Agency. Dabei handelt es sich um die Familienzeit, die Kinderzeit und die Elternzeit (siehe ◨ Abb. 1.1).

**2**

Zum anderen verdeutlicht das ORIM-Modell eine Fokussierung der Förderziele inner-halb jeder Veranstaltung in Bezug auf mindestens einen Aspekt des Modells (vgl. ◘ Tab. 1.1). Wie in einem Baukasten stehen in jeder Veranstaltung bestimmte Ver-anstaltungselemente und Ziele von ORIM im Vordergrund.

So kann eine Veranstaltung bspw. ausschließlich in der Familienzeit stattfinden. Das heißt Eltern und Kinder arbeiten in einer Veranstaltung ausschließlich gemeinsam an einer schriftsprachbezogenen Aktivität wie zum Beispiel der Erstellung eines eigenen Buchstaben-Scrabble-Spiels. Mit Bezug auf das ORIM-Modell wird so insbesondere die Interaktion (Interaction) zwischen Elternteil und Kind gefördert. Wie die Ver-anstaltungen jeweils zusammengesetzt sind und welche Zielorientierung jeweils im Vordergrund steht, wird in ◘ Tab. 3.1 im Anschluss an dieses Kapitel zusammengefasst.

## 2.1.2 Inhaltliche Ausrichtung und Übertragbarkeit auf andere Themenbereiche

Inhaltlich sind die folgenden neun Veranstaltungen von LIFE orientiert an zentralen Themen des Schriftspracherwerbs in der Schuleingangsphase. Im Fokus stehen das Vor-lesen, das Vorlesen-Lassen, die phonologische Bewusstheit (der Umgang mit der Laut-struktur der deutschen Sprache sowie der Umgang mit Silben), das Leseverständnis und die Vertrautheit mit Schrift und Büchern (Schneider 2012). Nicht zuletzt soll die im Lite-racy-Begriff enthaltene Alltagsrelevanz und Allgegenwärtigkeit von Sprache und Schrift gefördert und sensibilisiert werden.

Das Lesenlernen der Kinder ist ein wichtiges Thema vor der Einschulung und bleibt ein zentrales Thema während der gesamten Grundschulzeit. Auch wenn nach der Einschulung die Schule einen Großteil der Verantwortung hinsichtlich des Schrift-spracherwerbs übernimmt, ist die wichtigste Sozialisationsinstanz die Familie, da der Schriftspracherwerb bereits vor der Einschulung in der Familie durch die oft impli-zit geschaffene häusliche Lernumgebung beginnt (Hurrelmann 2004; Schründer-Len-zen 2009). Auch nach der Einschulung bleibt Familie beim Schriftspracherwerb wichtig, indem sie Zugang zu Büchern, Zeitschriften und elektronischen Medien ermöglicht, Kin-der bei den Hausaufgaben unterstützt und alltägliche Praktiken des Lesens und Schreibens etabliert (Hurrelmann 2004; Vorderer und Klimmt 2009; Wild und Gerber 2007; Wild und Lorenz 2010). Wegen der Bedeutsamkeit und Überlappung von Verantwortungs-bereichen in der ersten Klasse ist daher das Lesen als Thema für LIFE zentral und bestimmt die inhaltliche Ausrichtung. Das Prinzip von LIFE – im Sinne der generations-übergreifenden Bildung – kann aber auch auf andere Themenfelder übertragen werden. Zum Beispiel können Eltern, Kinder und Lehrkräfte genauso gut zu mathematischen The-men in der Schule zusammenfinden und anhand von spielerischer Auseinandersetzung mit mathematischen Basiskompetenzen in Berührung kommen (Stichwort: numeracy). Auch bietet sich eine Übertragung des LIFE-Prinzips auf naturwissenschaftliche Themen, aber auch auf ästhetisch-künstlerische Projekte u.v.m. sehr gut an.

## 2.1.3 Zusammenstellung von Veranstaltungen

Neben den didaktischen Ansätzen und der inhaltlichen Ausrichtung von LIFE sind auch die einzelnen Veranstaltungen variabel zusammensetzbar. Schulen und Lehrkräfte haben die Möglichkeit, aus dem Curriculum von neun Veranstaltungen ihr eigenes Programm für ein Schuljahr zusammenzustellen. Dabei waren in den vergangenen Jahren drei Veranstaltungen aus Gründen der Vergleichbarkeit der Veranstaltungsdurchführung der einzelnen Projekt-Schulen und ihrer zentralen Bedeutung für den Schriftspracherwerb sowie die Förderung der elterlichen Unterstützung obligatorisch. Diese im Jahresprogramm verbindlichen Veranstaltungen sind „Das Löwen-Memory" als Auftakt- und Schnupperveranstaltung, die Veranstaltung „Buchstaben vom Winde verweht" sowie die Abschlussveranstaltung „Rezepte aus aller Welt". Des Weiteren sollte eine Veranstaltung, in der eine Elternzeit vorgesehen ist – entweder „Laute und Silben" oder „Vorlesen und Vorlesen-Lassen" – von den Projektschulen ausgewählt werden. Für das Zusammenstellen des Veranstaltungsprogramms bietet es sich an, auf jeden Fall eine, wenn nicht sogar beide Veranstaltungen mit Elternzeit aufzunehmen, um den Erwartungen der Eltern im Hinblick auf Strategien und Tipps zur Unterstützung ihrer Kinder gerecht zu werden.

In der Praxis bewährt hat sich eine Anzahl von sechs Veranstaltungen während des ersten Schuljahres. Durch die Evaluation von LIFE konnte außerdem gezeigt werden, dass beim Angebot von acht Terminen die meisten Eltern und Kinder an maximal sechs Veranstaltungen teilnahmen (Wiescholek 2018). In ► Kap. 3 wird ein exemplarisches Veranstaltungsprogramm von LIFE für das erste Schuljahr vorgestellt und erläutert, welche Gründe es für die Reihenfolge und zeitlich bedingte Zusammenstellung der Veranstaltungen gibt.

## 2.2  Prototypischer Veranstaltungsablauf

In ◘ Abb. 2.2 ist ein prototypischer Veranstaltungsablauf von „LIFE – Lesen in Familie erleben" dargestellt. Fast jede der neun Veranstaltungen ist in fünf Phasen gegliedert. Nach einem lockeren, durch das Anfertigen des Namensschildes bereits schriftbezogenen Ankommen wird in der zweiten Phase nach der Begrüßung ein gemeinsames Aufwärmspiel gespielt. Mit der Ausnahme von zwei Veranstaltungen („Silben und Laute", „Vorlesen und Vorlesen-Lassen") folgt in der dritten Phase das Vorlesen der für die Veranstaltung zentralen Bilderbuchgeschichte. Darauf folgt in der vierten Phase eine

| Phase I | Phase II | Phase III | Phase IV | Phase V |
|---|---|---|---|---|
| Lockeres Ankommen und Anfertigen von Namensschildern | Begrüßung und Aufwärmspiel zur Aktivierung | Vorlesen einer Geschichte | Aktivität | Gemeinsamer Abschluss |
| Der Beginn einer jeden Veranstaltung hat somit sofort mit Sprache und Schrift zu tun. | Passend zum Veranstaltungsthema wird ein Aufwärmspiel zur Lockerung der Atmosphäre gespielt:  Spaß haben, Vertrauen in der Gruppe aufbauen, Kennenlernen | In jeder Veranstaltung, die in Familienzeit abläuft, bildet eine Bilderbuch-Geschichte den Rahmen. Eltern-Kind-Interaktion zum Erleben von Sprache und Schrift orientiert sich an Inhalten der Geschichte. | Aktivitäten werden in  (1) Familienzeit oder (2) Kinderzeit und (3) Elternzeit  durchgeführt. | Der gemeinsame Abschluss der Veranstaltung dient zum Resümieren und Reflektieren der Arbeitsergebnisse und dem Erleben von Sprache und Schrift in der Veranstaltung. |

Veranstaltungsdauer: 90 Minuten

◘ **Abb. 2.2**  Exemplarischer Veranstaltungsablauf aus Wiescholek (2018)

**2**

Aktivität. Diese kann bereits getrennt jeweils in der Kinder- und Elternzeit ablaufen oder als Eltern-Kind-Interaktion in der Familienzeit gemeinsam erlebt werden. In der Elternzeit dient die Aktivität als Reflexionsansatz, damit Eltern nicht über Abstraktes, sondern über direkt Erfahrbares und Erfahrenes sprechen können. In der Kinderzeit wird die Aktivität genutzt, um mit den Kindern zusammen bereits bekannte Konzepte einzuüben, zu vertiefen und sich spielerisch mit Sprache und Schrift auseinanderzusetzen. Abschließend folgt in der fünften Phase gemeinsam mit der gesamten Gruppe (Eltern, Kindern und Mitarbeiter/-innen und Lehrkräften) die Präsentation und Reflexion der in der Veranstaltung erzielten Ergebnisse.

## 2.3 LIFE-ToGo

In LIFE sowie generell in allen Family Literacy-Programmen, welche nicht im Haushalt der Familien selbst, sondern in den Räumen einer Institution stattfinden (z. B. in der Schule), stellt sich die Frage, wie die in den Veranstaltungen erarbeiteten Inhalte und Ideen in den familiären Alltag übertragen und mitgenommen werden können. Für LIFE wurde zur Verstetigung der Inhalte in den familiären Alltag LIFE-ToGo entwickelt. Dabei handelt es sich um Material, das Kinder und Eltern passend zum Veranstaltungsinhalt in der Veranstaltung selbst herstellen oder zum Fertigstellen nach Hause mitnehmen können. LIFE-ToGo kann beispielsweise ein selbst gebasteltes Memory-Spiel, Buchstaben-Scrabble oder Puzzle sein. Es kann sich bei LIFE-ToGo aber auch um Tipps für die Eltern in Form von kleinen Handouts handeln. Genaue Beschreibungen zu den LIFE-To-Go-Materialien finden sich in den Erläuterungen zu jeder Veranstaltung. Zur Sammlung ihrer Ergebnisse in den Veranstaltungen erhalten Kinder und Eltern in der ersten Veranstaltung eine „LIFE – Da ist Leben drin" Mappe. Diese dient über das gesamte Schuljahr als Portfolio, in welchem die Familien ihre Arbeitsergebnisse, die während der LIFE-Veranstaltungen entstehen, sammeln und dokumentieren können (vgl. Hannon et al. 2006).

## 2.4 Evaluation von LIFE

Das LIFE-Programm wird seit seinem Start 2013 von der Universität Paderborn nicht nur konzeptionell gestaltet, sondern auch auf seine Wirksamkeit hin evaluiert. Im Rahmen der Evaluation von LIFE wurden sowohl die teilnehmenden Kinder als auch deren Eltern vor und nach Ende des Programms befragt. Die Ergebnisse der Befragung wurden verglichen mit einer Kontrollgruppe von nicht am Programm teilnehmende Eltern und Kindern.

Die LIFE-Gruppen waren insgesamt sehr heterogen zusammengesetzt. Im Evaluationszeitraum von 2013 bis 2018 hatten insgesamt 29 % der Eltern, die an LIFE teilnahmen, einen Migrationshintergrund. Des Weiteren setzte sich die LIFE-Gruppe aus Eltern mit unterschiedlichem Bildungshintergrund zusammen. 10,1 % der Eltern hatten einen Hauptschulabschluss, 22,1 % einen Realschulabschluss, 34,6 % die allgemeine oder Fachhochschulreife und 31,8 % einen universitären Abschluss.

Als Gründe für eine Anmeldung bei LIFE gaben viele Eltern an, ihr Kind beim Lesenlernen unterstützen und kompetent motivieren zu wollen. Des Weiteren äußerten

Eltern den Wunsch, durch das Programm Anregungen und Tipps zum Lesen zu erhalten sowie aber auch einfach nur gemeinsame Zeit mit dem Kind verbringen zu können.

Besonders positiv wurde von den Eltern nach dem Programm die Themenwahl der einzelnen Veranstaltung beurteilt. Für sie war die offene und herzliche Atmosphäre, die durch die Veranstaltungen in der Schule geschaffen wurde, ein zentraler Bestandteil der Qualität des Programms. Viele Eltern bekamen Anregungen und Sicherheit bei der Unterstützung ihrer Kinder beim Lesenlernen. Eine Mutter fasst die Erfahrung, die sie bei LIFE mit ihrer Tochter gemacht hat, folgendermaßen zusammen:

> » Mir hat die herzliche Atmosphäre sehr gut gefallen. Außerdem fand ich die Spiele wie z.B. „Obstsalat" oder „Halli Galli" sehr schön. Vor allem, weil ich auch gesehen habe, wie viel Freude es meiner Tochter gemacht hat. Die Idee, eine Geschichte vorzulesen und dann dabei bestimmte Bewegungen zu machen, hat uns so gut gefallen, dass wir es zu Hause auch gemacht haben! Ich habe viele sehr schöne Kinderbücher kennengelernt.

Das LIFE-Programm hatte bei Kindern einen positiven Effekt auf die Entwicklung von Leseverständnis. LIFE-Kinder zeigten nach der Teilnahme am Programm ein besseres Leseverständnis als Kinder, die nicht teilnahmen. LIFE-Eltern wurden in ihrem Selbstbewusstsein hinsichtlich der Unterstützung ihrer Kinder gestärkt. Sowohl Eltern als auch Kinder gaben an, nach dem Programm häufiger lesebezogene Aktivitäten zu unternehmen. Damit erfüllte das Family Literacy-Programm die zentralen Programmziele (Wiescholek 2018).

Die positiven Evaluationsergebnisse lassen eine Fortführung und Erweiterung des Programms als sinnvoll erscheinen. Das Manual dient dabei der Verbreitung und freien Nutzung sowie Auseinandersetzung mit den Programminhalten.

## Literatur

Elfert, M., & Rabkin, G. (2007). Das Hamburger Pilotprojekt Family Literacy (FLY). In M. Elfert (Hrsg.), *Gemeinsam in der Sprache baden. Family literacy; internationale Konzepte zur familienorientierten Schriftsprachförderung* (S. 32–57). Barcelona: Klett Sprachen.

Hannon, P., Morgan, A., & Nutbrown, C. (2006). Parents' experiences of a family literacy programme. *Journal of Early Childhood Research, 4*(1), 19–44.

Hurrelmann, B. (2004). Informelle Sozialisationsinstanz Familie. In N. Groeben & B. Hurrelmann (Hrsg.), *Lesesozialisation in der Mediengesellschaft. Ein Forschungsüberblick* (S. 169–201). Weinheim: Juventa.

Schneider, W. (2012). Die Relevanz früher phonologischer Bewusstheit für den späteren Schriftspracherwerb. *Frühe Bildung, 1*(4), 220–222.

Schründer-Lenzen, A. (2009). Eckpunkte des gegenwärtigen Verständnisses von Schriftspracherwerb. In A. Schründer-Lenzen (Hrsg.), *Schriftspracherwerb und Unterricht. Bausteine professionellen Handlungswissens* (3. Aufl., S. 29–48). Wiesbaden: VS Verlag.

Vorderer, P., & Klimmt, C. (2009). Lesekompetenz im medialen Spannungsfeld von Informations- und Unterhaltungsangeboten. In N. Groeben & B. Hurrelmann (Hrsg.), *Lesekompetenz. Bedingungen, Dimensionen, Funktionen* (3. Aufl., S. 215–235). Weinheim: Juventa.

Wiescholek, S. (2018). *Lesen in Familien mit Family Literacy. Elterliche Unterstützung beim Lesekompetenzerwerb in der ersten Klasse.* Wiesbaden: Springer VS.

Wild, E., & Gerber, J. (2007). Charakteristika und Determinanten der Hausaufgabenpraxis in Deutschland von der vierten zur siebten Klassenstufe. *Zeitschrift für Erziehungswissenschaft, 10*(3), 356–380.

Wild, E., & Lorenz, F. (2010). *Elternhaus und Schule.* Stuttgart: Schöningh.

# Überblick der LIFE-Veranstaltungen

**Elektronisches Zusatzmaterial** Die elektronische Version dieses Kapitels enthält Zusatzmaterial, das berechtigten Benutzern zur Verfügung steht. ▶ https://doi.org/10.1007/978-3-658-28343-8_3

**3**

Kap. 3 enthält eine Übersicht über alle im LIFE-Manual enthaltenen Veranstaltungen des Family Literacy-Programms „LIFE – Lesen in Familie erleben". Des Weiteren werden zwei exemplarische Veranstaltungsreihen vorgestellt und Tipps zur Organisation und Planung einer LIFE-Veranstaltungsreihe gegeben.

Im Folgenden wird in ◘ Tab. 3.1 zunächst ein Überblick über alle neun Veranstaltungen, die Themen, die in den Veranstaltungen verwendeten Bücher sowie die Veranstaltungselemente und ORIM-Ziele gegeben. Die detaillierten Ziele jeder einzelnen Veranstaltung werden im Veranstaltungsteil in ▶ Kap. 4 weiter ausgeführt. Darauf aufbauend wird an dieser Stelle ein Veranstaltungsprogramm mit sechs Veranstaltungen, die während des ersten Schuljahres stattfinden, exemplarisch erläutert.

Eine übliche Veranstaltungsreihe von LIFE beginnt meistens nach den Herbstferien. Dies bietet genügend Zeit für Kinder und Eltern, sich an den neuen Schulalltag zu gewöhnen und sich in der Schule einzuleben. Aus organisatorischer Perspektive ist der Beginn nach den Herbstferien des Weiteren vorteilhaft, um das Anmeldeprozedere zu erleichtern.

Als erste Veranstaltung in einem LIFE-Jahr bietet sich die Veranstaltung „Das Löwen-Memory" an. Die Veranstaltung bedarf keiner besonderen Lesefertigkeiten der Kinder und ist aufgrund des sehr witzigen und Familien oft schon bekannten Buches „Der Löwe, der nicht schreiben konnte" sehr zugänglich und ein optimaler Auftakt. Außerdem spiegelt der Inhalt des Buches die Relevanz des Lesens und Schreibens auf eine sehr humorvolle Art und Weise wieder und unterstreicht damit wichtige Ziele von LIFE.

Als zweite Veranstaltung bietet sich die Veranstaltung „Laute und Silben" an. Eltern melden sich häufig mit dem Wunsch an, konkrete Tipps und Anregungen für die Unterstützung ihrer Kinder beim Lesenlernen zu erhalten. In dieser Veranstaltung wird vor allem den Eltern der Leselernprozess und zentrale didaktische Herangehensweisen des schulischen Schriftspracherwerbs wie die Arbeit mit Lauten im Rahmen der Anlaut-Tabelle und die Arbeit mit Silben nähergebracht. Gleich zu Beginn soll diese Veranstaltung den Eltern durch das nötige Hintergrundwissen Sicherheit bei der Unterstützung ihrer Kinder geben.

Passend zur Weihnachtszeit gibt es eine auf diesen Anlass abgestimmte Veranstaltung, in der insbesondere das Textverständnis der Kinder, aber auch die Alltagsrelevanz von Sprache, Schrift und Literatur im Vordergrund steht. Als vierte Veranstaltung – jahreszeitlich entweder verortet im Herbst oder Frühling – bietet sich die Veranstaltung „Buchstaben vom Winde verweht" an. Kinder sollten für diese Veranstaltung bereits erste Fähigkeiten der Laut-Buchstaben-Zuordnung besitzen.

Für die zwei letzten Veranstaltungen bietet sich eine Kombination der Veranstaltung „Malwida: Die Königin der Farben" und als Abschlussveranstaltung „Rezepte aus aller Welt" an. Bei „Malwida: Die Königin der Farben" steht vor allem das Textverständnis der Kinder im Vordergrund. Darauf aufbauend wird aber auch die ästhetische und kreative Auseinandersetzung der Kinder und Eltern mit dem Text angesprochen, was positive Auswirkung auf die Lesemotivation und das Selbstbewusstsein hat. Das Produkt der Malwida-Veranstaltung – ein großflächig gestaltetes Plakat – kann gut in der Abschlussveranstaltung im Rahmen einer Ausstellung gewürdigt werden. In ◘ Tab. 3.2 ist die beschriebene exemplarische Veranstaltungsreihe mit zeitlicher Verortung im

**◻ Tab. 3.1** Übersicht der Veranstaltungen

| | Veranstaltung | Thema | Buch | Bausteine | ORIM |
|---|---|---|---|---|---|
| 1 | Das Löwen-Memory | Textverständnis | „Der Löwe, der nicht schreiben konnte" von Martin Baltscheit | Familienzeit Elternzeit Kinderzeit | Opportunities Interaction Model |
| 2 | Laute und Silben | Phonologische Bewusstheit Schriftspracherwerb | – | Familienzeit Elternzeit Kinderzeit | Opportunities Recognition |
| 3 | Weihnachtsveranstaltung | Textverständnis Alltagsbezug von schriftsprachlichen Handlungen | „Die abenteuerliche Weihnachtsreise" von Holly Hobbie | Familienzeit | Opportunities Interaction Model |
| 4 | Buchstaben vom Winde verweht | Phonologische Bewusstheit Textverständnis | „Der Buchstabenbaum" von Leo Lionni | Familienzeit | Opportunities Interaction Recognition |
| 5 | Vorlesen und Vorlesen-Lassen | Textverständnis Phonologische Bewusstheit | Mehrere Bücher siehe Veranstaltungsbeschreibung | Familienzeit Elternzeit Kinderzeit | Recognition Interaction Model |
| 6 | Hannes ohne Brille | Textverständnis Alltagsbezug von schriftsprachlichen Handlungen | Die Geschichte von dem Maulwurf „Hannes ohne Brille" | Familienzeit | Opportunities Interaction |
| 7 | Aus Wörtern werden Sätze | Textverständnis Phonologische Bewusstheit Satzgrammatik Vertrautheit mit Sprache und Schrift | „Pezzettino" von Leo Lionni | Familienzeit | Recognition Interaction Model |
| 8 | Malwida: Die Königin der Farben | Textverständnis Alltagsbezug von schriftsprachlichen Handlungen | „Die Königin der Farben" von Jutta Bauer | Familienzeit | Recognition Interaction Model |
| 9 | Rezepte aus aller Welt | Alltagsbezug von schriftsprachlichen Handlungen | – | Familienzeit | Opportunities Interaction Model |

ersten Schuljahr zusammengefasst. Neben der vorgestellten Variante kann ◻ Tab. 3.2 eine alternative Variante für die Zusammenstellung von Veranstaltungen entnommen werden.

**3**

◘ **Tab. 3.2**    Exemplarische Veranstaltungsreihen

|   | Monat | Veranstaltungsreihe Variante I | Veranstaltungsreihe Variante II |
|---|---|---|---|
| 1 | Oktober | Das Löwen-Memory | Das Löwen-Memory |
| 2 | November | Laute und Silben | Buchstaben vom Winde verweht |
| 3 | Dezember | Weihnachtsveranstaltung | Weihnachtsveranstaltung |
| 4 | Februar/März | Buchstaben vom Winde verweht | Vorlesen und Vorlesen-Lassen |
| 5 | Mai/Juni | Malwida: Die Königin der Farben | Aus Wörtern werden Sätze |
| 6 | Juni/Juli | Rezepte aus aller Welt | Rezepte aus aller Welt |

## 3.1   Organisation vor Veranstaltungsbeginn

Bevor in ► Kap. 4 die einzelnen Veranstaltungen vorgestellt werden, soll in diesem Kapitel ein kurzer Überblick darüber gegeben werden, welche organisatorischen Schritte vor einer Veranstaltungsreihe notwendig sind. In der Regel bietet es sich an, bereits bei dem ersten Elternabend im Schuljahr für das Programm zu werben. Häufige Fragen, die von Eltern gestellt werden, sind, ob auch andere Bezugspersonen wie Großeltern am Programm teilnehmen können, ob durch die Anmeldung eine Teilnahme an der gesamten Veranstaltungsreihe verpflichtend ist und ob Geschwisterkinder mitkommen können. Die Teilnahme bei uns war in den vergangenen Jahren immer freiwillig und auch Großeltern sowie Geschwisterkinder waren immer herzlich willkommen. Im Downloadbereich sind die unten angeführten Materialien hinterlegt, die Sie bei der Organisation einer Veranstaltungsreihe unterstützen können.

Die Veranstaltung „Das Löwen-Memory" hat sich aus den oben beschriebenen Gründen als gute Auftakt- bzw. Schnupperveranstaltung erwiesen. Sie bietet des Weiteren ausreichend zeitlichen Spielraum für eine offizielle Begrüßung sowie Einführung in Ziele, Inhalte und Programmhinweise.

> **Optionales Material zur Organisation einer Veranstaltungsreihe**
> — Kopiervorlage: LIFE-Da ist Leben drin-Mappe (Download: ► https://doi.org/10.1007/978-3-658-28343-8_3)
> — Vorlage: Veranstaltungsprogramm (Download: ► https://doi.org/10.1007/978-3-658-28343-8_3)
> — Informationsflyer: LIFE – Lesen in Familie erleben (Download: ► https://doi.org/10.1007/978-3-658-28343-8_3)

# Die Veranstaltungen

**Elektronisches Zusatzmaterial** Die elektronische Version dieses Kapitels enthält Zusatzmaterial, das berechtigten Benutzern zur Verfügung steht. ▶ https://doi.org/10.1007/978-3-658-28343-8_4

In diesem Kapitel werden alle neun Veranstaltungen des Family Literacy-Programms „LIFE – Lesen in Familie erleben" vorgestellt: das Löwen-Memory, Laute und Silben, die Weihnachts-veranstaltung, Buchstaben vom Winde verweht, Vorlesen und Vorlesen-Lassen, Hannes ohne Brille, Aus Wörtern werden Sätze, Malwida: die Königin der Farben, Rezepte aus aller Welt. Jede Veranstaltungsbeschreibung besteht aus einer Veranschaulichung der Ziele und Grundgedanken sowie der Erläuterung des Veranstaltungsablaufs.

**4**

## 4.1  Das Löwen-Memory

Ziele

| Eltern | Kinder |
|--------|--------|
| – Kindern helfen, Lösungen für die Zuordnung der Memorykarten zu Geschichtenbestand-teilen zu finden (Model)<br>– Möglichkeiten zum spielerischen Umgang mit Büchern kennenlernen (Opportunities)<br>– Alternativen erkennen, Textinhalte auch anders als durch Fragen zu erschließen (hier durch ein Memory, Interaction) | – Förderung von Textverständnis, Wortschatz und Allgemeinwissen |

**Material der Veranstaltung**
- Vorlage: Einladung zur Veranstaltung (Download: ► https://link.springer.com/chapter/10.1007/978-3-658-28343-8_4)
- Vorlage: Veranstaltungsablauf (Download: ► https://link.springer.com/chapter/10.1007/978-3-658-28343-8_4)
- Das Buch „Die Geschichte vom Löwen, der nicht schreiben konnte" von Martin Baltscheit
- Kopiervorlage: Tierkarten passend zur Geschichte (Download: ► https://link.springer.com/chapter/10.1007/978-3-658-28343-8_4, ► Kap. 5)
- Kopiervorlage: Memory-Bastel-Set (Download: ► https://link.springer.com/chapter/10.1007/978-3-658-28343-8_4, ► Kap. 5)
- Memory-Spielregeln (Download: ► https://link.springer.com/chapter/978-3-658-28343-8_4, ► Kap. 5)
- Beispiel-Memory-Set
- Stifte, Scheren

■ **Vorbereitung der Veranstaltung**

Eine Woche vor der Veranstaltung sollten die Einladungen an die LIFE-Familien verschickt werden, hierfür greifen wir auf die in den Klassen etablierten „Postweg" zurück. Die für die Veranstaltung erforderlichen Materialien müssen in ausreichender Menge gedruckt werden. Vor der Veranstaltung werden sechs Gruppentische und ein Stuhlkreis für die Begrüßung aufgebaut. Falls noch nicht geschehen, sollte ein Bei-spiel-Memory-Set erstellt werden. Dieses wird zur Erklärung und für das abschlie-ßende Spiel benötigt.

## Kurzbeschreibung

Die offizielle Begrüßung der Teilnehmer/-innen findet im gemeinsamen Stuhlkreis statt. Dort werden die Eltern und Kinder zur ersten Veranstaltung willkommen geheißen. Anschließend wird der Ablauf der ersten Veranstaltung „Das Löwen-Memory" vorgestellt. Das Buch „Die Geschichte vom Löwen, der nicht schreiben konnte" von Martin Baltscheit wird im Stuhlkreis vorgelesen. Die Geschichte handelt von einem Löwen, der sich in eine Löwin verliebt. Er möchte ihr einen Brief schreiben. Dies kann der Löwe jedoch nicht, weil er nicht schreiben kann. Der Löwe bittet nun verschiedene Tiere um Hilfe beim Schreiben des Briefes an die Löwin. Doch keiner der Briefe der anderen Tiere (Affe, Nilpferd, Mistkäfer, Giraffe, Krokodil und Geier) beschreibt das, was der Löwe eigentlich mit der Löwin unternehmen möchte. Daraufhin brüllt der Löwe zornig, sodass die Löwin den Löwen hört. Es kommt zwischen den beiden zu einem Gespräch und es wird klar, dass der Löwe nicht schreiben kann. Die Geschichte endet damit, dass er von der Löwin das Schreiben beigebracht bekommt. Im Anschluss an das Vorlesen werden Bilder der in der Geschichte vorkommenden Tiere in die Mitte des Stuhlkreises gelegt, mithilfe derer die Kinder die Geschichte nacherzählen können. Anschließend wird das Löwen-Memory vorgestellt. Anhand eines vorgefertigten Exemplars rätseln die Kinder gemeinsam, welche Karten im vorliegenden Löwen-Memory zusammengehören. Das Löwen-Memory ist komplett, wenn ein Trio von drei inhaltlich zusammenpassenden Karten gefunden wird: das Tier, das Lieblingsessen und die Lieblingstätigkeit des Tieres. Diese drei Aspekte können den Briefen, welche die Tiere in der Geschichte an die Löwin schreiben, entnommen werden. Nach dem Erklären des Löwen-Memorys begeben sich die Kinder mit ihren Eltern an die Gruppentische, die jeweils eine Tier-Station darstellen. An den einzelnen Stationen können die Kinder gemeinsam mit ihren Eltern die vorgefertigten Memory-Karten des entsprechenden Tieres ausschneiden und ausmalen. Nach Bearbeitung jeder Station ergibt sich so ein komplettes Memory-Set, welches nach dem Basteln mit den anderen Veranstaltungsteilnehmern/-innen gespielt werden kann. Die Regeln des Spiels sind fast identisch mit denen eines normalen Memorys. Eine Kartengruppe ist nur dann vollständig, wenn der Spieler alle drei Karten desselben Tieres aufgedeckt. Der/die Spieler/-in, die oder der am Ende die meisten Tiere besitzt, gewinnt die Runde. Zum Abschluss der Veranstaltung finden sich alle wieder im Stuhlkreis zusammen, in dem der Ausblick auf die nächste Veranstaltung gegeben wird (◘ Tab. 4.1).

◘ **Tab. 4.1** Veranstaltungsablauf „Das Löwen-Memory"

| Zeit | Aktivität | Material |
|------|-----------|----------|
| Vorbereitung | Stuhlkreis im Klassenraum stellen. Mind. sechs Gruppentische für die Tierstationen stellen und das Bastelmaterial für das Löwen-Memory auf den Tischen verteilen. Stationen gibt es für folgende Tiere: Affe, Nilpferd, Mistkäfer, Krokodil, Geier und Löwe. Für die Giraffe gibt es keine Station, da ihr Brief den Löwen nicht erreicht. | Tierbriefe Memory-Bastel-Sets Stifte Scheren |

(Fortsetzung)

**4**

**⊡ Tab. 4.1**   (Fortsetzung)

| | Zeit | Aktivität | Material |
|---|---|---|---|
| 1 | 10 Min.<br>Begrüßung und Einführung | Begrüßung<br>Der Ablauf der ersten Veranstaltung wird vorgestellt. | |
| 2 | 30 Min.<br>Geschichte vorlesen | Danach wird „Die Geschichte vom Löwen, der nicht schreiben konnte" von Martin Baltscheit vorgelesen.<br>Anschließend wird die Geschichte anhand der Bildkarten nacherzählt. | Geschichte<br>Bildkarten |
| 3 | 30–40 Min.<br>Familienzeit | Das Löwen-Memory wird vorgestellt. Die gesamte Gruppe rätselt anhand einiger Beispiel-Memory-Sets, welche Karten zusammengehören.<br>Memory-Spiel Basteln:<br>Es sind verschiedene Tier-Stationen aufgebaut (ein Tier pro Tisch).<br>Aufgabe:<br>„Auf den Tischen sehen Sie die verschiedenen Tiere der Geschichte. Lest zusammen mit eurer Mutter/eurem Vater die Briefe der Tiere im Buch noch einmal genau durch. Bastelt dann euer Memory-Set. Wenn ihr mit einem Tier fertig seid, könnt ihr zum nächsten Tisch gehen. Dort wartet das nächste Tier und passende Memory-Set auf euch!"<br>Nach der Arbeitsphase werden die Spielregeln des Löwen-Memorys erklärt. | Etwa sechs Gruppentische<br>Pro Tisch:<br>Memory-Bastel-Set<br>Tierkarte<br>Stifte<br>Scheren<br>Memory-Spielregeln |
| 4 | 10 Min.<br>Abschluss | Zum Abschluss wird das Memory-Spiel mit allen zusammen oder (bei großen Gruppen) in kleinen Gruppen verteilt im Raum gespielt.<br>Bei der Verabschiedung der Eltern und Kinder erfolgt ein Hinweis auf die nächste Veranstaltung. Ca. eine Woche vor der nächsten Veranstaltung erhalten die Eltern über ihre Kinder eine Erinnerung. | Beispiel-Memory-Set<br>Memory-Spielregeln |

## 4.2 Laute und Silben

Ziele

| Eltern | Kinder |
|---|---|
| Familienzeit<br>– Erleben kindlicher Lernhandlungen in Bezug auf silbenbezogene Schreibstrategien (Recognition)<br>Elternzeit<br>– Reflexion der Lernhandlungen (Recognition)<br>– Verknüpfung orthografischer Schwierigkeiten in der Schriftsprache mit den aktuellen Lernprozessen der Kinder beim Schriftspracherwerb (Recognition)<br>– Erkundung alltäglicher Lern- und Interaktionsmöglichkeiten zur Begleitung und Unterstützung der Kinder beim Schriftspracherwerb (Opportunities, Interaction) | Kinderzeit<br>– Förderung der phonologischen Bewusstheit und des Wissens um schriftsprachliche Strukturen, speziell im Umgang mit Silben und Lauten<br>– Förderung des Wortschatzes |

**Material der Veranstaltung**

- Vorlage: Einladung zur Veranstaltung (Download: ▶ https://link.springer.com/chapter/10.1007/978-3-658-28343-8_4)
- Vorlage: Veranstaltungsablauf (Download: ▶ https://link.springer.com/chapter/10.1007/978-3-658-28343-8_4)
- Kopiervorlage: Fruchtsortenkarten für das Obstsalat-Spiel (Download: ▶ https://link.springer.com/chapter/10.1007/978-3-658-28343-8_4, ▶ Kap. 5)
- Kopiervorlage: Silbenbogen-Karten (Download: ▶ https://link.springer.com/chapter/10.1007/978-3-658-28343-8_4, ▶ Kap. 5)
- Kopiervorlage: Beispiel für Wort-Bild-Karten (Download: ▶ https://link.springer.com/chapter/10.1007/978-3-658-28343-8_4, ▶ Kap. 5)
- Kopiervorlage: Flipcharts für die Elternzeit (Download: ▶ https://link.springer.com/chapter/10.1007/978-3-658-28343-8_4, ▶ Kap. 5)
- Kopiervorlage: Karten zu Alltagssituationen mit dem Kind (Download: ▶ https://link.springer.com/chapter/10.1007/978-3-658-28343-8_4, ▶ Kap. 5)
- 5 Körbe, 1 Glocke, 4 Hütchen
- Kreppband/Magnete zum Befestigen der Flipcharts an der Tafel, Dicke Filzstifte

### ▪ Vorbereitung der Veranstaltung

Eine Woche vor der Veranstaltung sollten die Einladungen an die LIFE-Familien herausgegeben werden. Die für die Veranstaltung erforderlichen Materialien müssen in ausreichender Menge gedruckt werden. Dazu gehört auch die Vorbereitung der Obstsalat-Karten, der Silbenbogen-Karten und der Wort-Bild-Karten für die Silbenspiele. Eine beispielhafte Gestaltung der Karten für die Silbenspiele finden Sie in ▶ Abschn. 5.2. Für die Elternzeit müssen vier Flipcharts vorbereitet werden (siehe ◼ Abb. 4.1 und 4.2). Vor der

**4**

| Warum sind Sie hier? | Wo können Laute und Silben im Alltag gefunden werden? Welche Spiele fallen Ihnen dazu ein? |
|---|---|
| Welche Erwartungen haben Sie an das LIFE-Programm? | (Die Bilder dienen Ihnen zur Inspiration für mögliche Alltagssituationen) |
| Welche Wünsche haben Sie für Ihre Teilnahme am LIFE-Programm? | |

● **Abb. 4.1**    Flipcharts zur Erwartungsabfrage mit den Eltern

## Laute und Silben - Silbentrennung

| Geburtstag | Städte | Hitze | Karomuster |
|---|---|---|---|
| <u>Ge – burts – tag</u> | Stä – dte | Hi – tze | Ka – ro – mus – ster |
| Ge – burt – stag | Städt – e | <u>Hit – ze</u> | Kar – om – ust – er |
| Ge – bur - tstag | <u>Städ – te</u> | Hitz – e | <u>Ka – ro – mus – ter</u> |

| Richtungswechsel | Zuckerkuchen | kommen |
|---|---|---|
| <u>Rich – tungs – wech – sel</u> | <u>Zu – cker – ku – chen</u> | ko – mmen |
| Ri – chtungs – wech – sel | Zu – cker – kuch – en | <u>kom – men</u> |
| Rich – tungs – we – chsel | Zuc – ker – ku – chen | komm – en |

 Ich bin mir sicher           Ich glaube...

● **Abb. 4.2**    Flipcharts zur Auseinandersetzung mit Lauten und Silben in der deutschen Schriftsprache

Veranstaltung müssen zwei Räume vorbereitet werden. Hierzu wird in einem Raum ein Stuhlkreis gestellt. Die Tische werden in der Veranstaltung nicht benötigt und somit sämtliche Tische an die Seite geräumt. In die Ecken des Raumes werden Silbenbogen-Karten gehängt (von einer Silbe bis zu fünf Silben). Während der Eltern- und Kinderzeit wird für die Arbeit der Eltern ein zweiter Raum benötigt, vorzugsweise mit Tafel. Hier können die Eltern im Stuhlkreis oder an der vorhandenen Tischordnung sitzen.

- **Kurzbeschreibung**

Die Veranstaltung beginnt mit der gemeinsamen Begrüßung im Stuhlkreis. Zum Einstieg wird das Aufwärmspiel „Obstsalat" gespielt. Die Veranstaltungsleiter/-innen verteilen die vorgefertigten Fruchtsortenkarten an die Eltern und Kinder. Dabei muss die Verteilung jeder Fruchtsorte im gleichen Umfang erfolgen. Der Stuhlkreis wird für dieses Spiel um einen Stuhl verkleinert, sodass ein/-e Mitspieler/-in keinen Sitzplatz hat. Diese/-r steht in der Mitte und nennt eine Fruchtsorte. All die Mitspieler/-innen, welche die Karte dieser Fruchtsorte in der Hand halten, müssen aufstehen und ihren Platz wechseln. Der/Die Spieler/-in aus der Mitte muss versuchen, einen der freiwerdenden Plätze zu ergattern, sodass ein/e andere/-r Mitspieler/-in anschließend in der Mitte des Stuhlkreises steht. Um das Spiel zu variieren, besteht auch die Möglichkeit, Obstsalat zu rufen. Bei dieser Option müssen alle Mitspieler/-innen aufstehen und einen neuen Platz einnehmen.

Nach Ende des Spiels wird eine kurze Einführung in die Thematik und den Verlauf der Veranstaltung „Laute und Silben" gegeben. Dieser Einführung schließt sich das Lebende-Silben-Statistik-Spiel an, welches mithilfe der Silbenbogen-Karten erfolgt. Diese sind in den Ecken des Raumes angebracht und für alle gut sichtbar. Die Eltern und Kinder werden gebeten, sich vor die Karte mit der Anzahl an Silbenbögen zu stellen, welche der Silbenanzahl ihres Namens entspricht. Die Begriffe können in den folgenden Runden beliebig variieren (Lieblingsessen, Lieblingstier, Lieblingsfarbe, usw.). Pro Runde werden ein paar der Begriffe mit der gesamten Gruppe gemeinsam geschwungen bzw. geklatscht. Bei allen Silbenspielen sowie bei den Erläuterungen mit den Eltern sollte die Wahl der Darstellung (Bögen, Striche, …), die Begleitung beim Silbensprechen (Schwingen, Klatschen, …) und die Wahl von Begriffen (Silbenkönig – Kapitän – …, Benennung von Rechtschreibstrategien) an der in der Schule oder Institution vereinbarten Weise ausgerichtet werden.

Der anschließende Veranstaltungsteil trennt die Gruppe in eine Eltern- und eine Kinderzeit. Die Eltern beschäftigen sich im Folgenden mit den vorgefertigten Flipcharts, welche handschriftlich oder gedruckt gestaltet werden können.

Zunächst wird eine Erwartungsabfrage zur Teilnahme an den LIFE-Veranstaltungen gemacht, bei der Eltern ihre Wünsche und Erwartungen an das Programm äußern können (siehe ◘ Abb. 4.1). Diese kann auch in der ersten Veranstaltung erfolgen. Sinnvoll ist die Erwartungsabfrage in dieser Veranstaltung nur, wenn „Laute und Silben" relativ zu Beginn einer LIFE-Veranstaltungsreihe durchgeführt wird. Im Anschluss werden die Eltern darum gebeten, sich bei sechs schwer zu trennenden Beispielwörtern mithilfe eines roten Stiftes (unsicher) und eines grünen Stiftes (sicher) für die richtige Silbentrennung zu entscheiden. Für jedes Wort werden verschiedene Alternativen der Silbentrennung präsentiert. Dafür sollen die Eltern einen Punkt an die Silbentrennung setzen, bei der sie meinen, dass diese korrekt ist. Bei den vorgeschlagenen Wörtern handelt es sich – im Hinblick auf die deutsche

**4**

Orthografie – um Zweifelsfälle in der Schreibweise und Silbentrennung (siehe ◘ Abb. 4.2). Mit der Übung wird die Auseinandersetzung mit Schwierigkeiten des Schriftspracherwerbs angeregt. In ◘ Abb. 4.2 sind die Wörter mit der korrekten Trennung markiert. Im Downloadbereich und in ▶ Abschn. 5.2 finden Sie eine nicht markierte Version der Flipcharts.

Daraufhin wird gemeinsam diskutiert, was mögliche Schwierigkeiten sein können und wie Kinder diese in der ersten Klasse z. B. mithilfe der Anlaut-Tabelle und dem silbenorientierten Schreiben lösen. Des Weiteren wird anhand der Beispielwörter diskutiert, warum es besonders am Ende des ersten Schuljahres zu Fehlschreibungen bei bestimmten Phonem-Graphem-Beziehungen kommen kann. Darüber hinaus kann man an den Wörtern insgesamt auf die Rechtschreibstrategien eingehen, die im Laufe der Grundschulzeit erarbeitet werden: Sprechschwingen, Sprechschreiben, lautgetreues Schreiben, Silbenkönige, vollständiges Erkennen aller, auch schwieriger Laute (vor allem kurze Vokale sowie stimmlose Konsonanten), Großschreibung, Weiterschwingen, Ableiten, Wortzusammensetzungen, Merkwörter (hier am Beispiel der Begrifflichkeit der FRESCH-Methode, Brezing et al. 2018).

In dieser Phase kommt es häufig zu Fragen oder Diskussionen über die Didaktik des Schriftspracherwerbs und den Umgang mit falschen Schreibungen der Kinder. Die Veranstaltung bietet den Raum für diese Diskussion und die Möglichkeit, sich über gegenseitige Erwartungen, Fragen, Unsicherheiten oder Vorbehalte auszutauschen und aus schulischer Sicht didaktische Vorgehensweisen zu erklären.

Mit dem letzten Flipchart (siehe ◘ Abb. 4.1, rechts) sammeln die Eltern anhand von sechs verschiedenen Alltagssituationen (Esstisch, Schulweg, Gute-Nacht-Geschichte, Spaziergang, Einkaufen) Möglichkeiten, wo Buchstaben und Silben im Alltag zu finden sind und wie der Umgang bzw. das Spiel mit Buchstaben, Silben und auch kleinen Wörtern den Schriftspracherwerb unterstützen kann.

Parallel zur Elternzeit beschäftigen sich auch die Kinder mit dem Thema der Silbentrennung. Die Gruppe beginnt mit einem Spiel A. Wort-Bild-Karten sind auf dem Boden verteilt. Im Raum verteilt befinden sich außerdem fünf Körbe, die jeweils für eine bestimmte Silbenbogenanzahl stehen (vgl. ◘ Abb. 4.3).

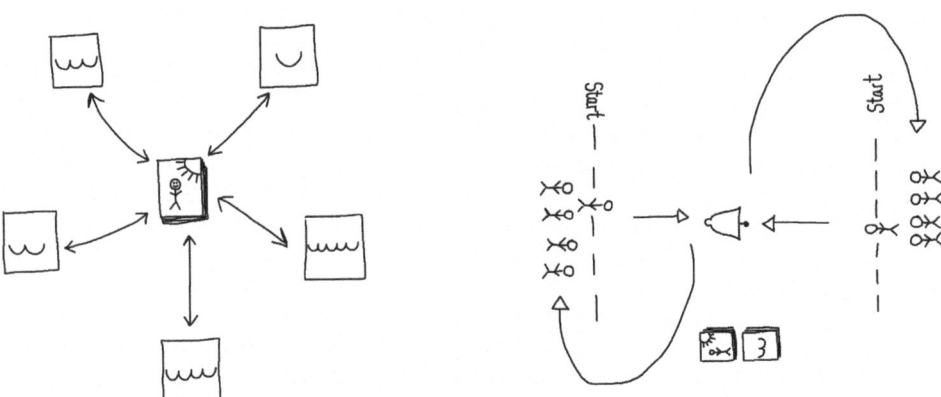

◘ **Abb. 4.3**    Spielpläne für Silbenspiele in der Kinderzeit (links: Spiel A, rechts: Spiel B)

Die Kinder haben nun die Aufgabe, alle Bilder entsprechend der Silbenanzahl in die korrekten Körbe zu verteilen. Dieses Spiel kann durchaus mehrfach gespielt und durch eine Zeitbegrenzung zusätzlich erschwert werden. In dieser Phase ist auch wichtig, mit den Kindern zu problematisieren, dass ein Bild für unterschiedliche assoziierte Begriffe stehen kann. Daher ist es notwendig, dass beim Prüfen auf Richtigkeit der Silbenanzahl immer die gedachte Begrifflichkeit mitgenannt wird.

Im Anschluss daran spielen die Kinder das Spiel B als „Wettspiel" gegeneinander (s. ◨ Abb. 4.3). Die Gruppen stehen sich gegenüber, wobei sich in der Mitte eine kleine Glocke befindet. Seitlich steht ein/-e Spielleiter/-in, der/die immer gleichzeitig eine beliebige Wort-Bild-Karte und eine Silbenbogen-Karte hochhält. Die Kinder müssen prüfen, ob die gezeigte Wort-Bild-Karte die gleiche Silbenanzahl wie die gezeigte Silbenbogen-Karte hat. Bei einer Entscheidung läuft das Kind zur Glocke. Wer die Glocke zuerst klingelt und die richtige Antwort nennt, bekommt einen Punkt für die Gruppe. Als richtig wird gewertet, wenn das Kind einen zur Wort-Bild-Karte passenden Begriff und die dazu passende Silbenanzahl benennt. Dieses Spiel kann ebenfalls mehrfach durchgeführt und durch eine maximal zu erreichende Punktanzahl begrenzt werden. Der Abschluss der Veranstaltung findet mit Eltern und Kindern gemeinsam statt. Eltern treten im Wettspiel gegen die Kinder an oder bilden mit den Kindern gemischte Teams. Abschließend findet sich die Gruppe wieder im Stuhlkreis ein und der/die Veranstaltungsleiter/-in gibt einen Ausblick auf die nächste Veranstaltung (◨ Tab. 4.2).

◨ **Tab. 4.2**  Veranstaltungsablauf „Laute und Silben"

| | Zeit | Aktivität | Material |
|---|---|---|---|
| | Vorbereitung | Tische an den Rand des Raumes stellen, Stuhlkreis in Anzahl der Eltern, Kinder und durchführende Personen, (Tipp: keine Bänke) Silbenbogen-Karten (1 Silbenbogen bis 5 Silbenbögen) in die Ecken des Raumes hängen. Elternzeit: Flipcharts im Zusatzraum aufhängen. | Silbenbogen-Karten Flipcharts für die Elternzeit |
| 1 | 10 Min. Ankommen Begrüßung Aufwärmspiel I | Begrüßung der Kinder und Eltern im Stuhlkreis – direkter Hinweis auf die Aufwärmaktivität. Obstsalat als Aufwärmspiel: Eine Person steht in der Mitte. Ein Stuhl wird aus dem Stuhlkreis entfernt, sodass sich ein Stuhl weniger als mitspielende Personen im Stuhlkreis befindet. Jede Person erhält eine Fruchtsortenkarte. Die Person in der Mitte nennt eine Fruchtsorte. Daraufhin müssen alle mit dieser Karte den Platz wechseln. Eine Person bleibt wiederum über und wählt die nächste Frucht. Sagt jemand Obstsalat, müssen alle Personen den Platz wechseln. Kurze Einführung und Vorstellung in das heutige Thema „Laute und Silben": Was können Kinder und Eltern erwarten? Ablauf der Veranstaltung wird vorgestellt. Es erfolgt insbesondere ein Hinweis auf die getrennte Eltern- und Kinderzeit nach Aufwärmspiel II. | Fruchtsorten-karten |

(Fortsetzung)

**4**

**◘ Tab. 4.2** (Fortsetzung)

| | Zeit | Aktivität | Material |
|---|---|---|---|
| 2 | 10–15 Min. Aufwärmspiel II | Lebende-Silben-Statistik-Spiel<br>Jede Ecke des Klassenzimmers wird mit einer Silbenbogen-Karte (Anzahl: 1 bis 5 Silben) versehen. Jeder soll sich, je nach der Anzahl der Silben, die der eigene Name hat, der passenden Ecke im Raum zuordnen. Einzelne Kinder/Eltern werden angesprochen, ihren Namen gemeinsam gemäß der didaktischen Herangehensweise mit allen anderen Teilnehmern/-innen zu schwingen oder zu klatschen.<br>Weitere Themen für die lebende Silben-Statistik: Lieblingsessen, -tier, -farbe, -sport, -fach, etc… | Silbenbogen-Karten |
| 3 | 20–30 Min. Kinderzeit (parallel zur Elternzeit) | Spiel A (siehe ◘ Abb. 4.3, links):<br>Sitzkreis: Erklärung des Spiels<br>Im Raum verteilt sind 5 Körbe, versehen mit je einer Silbenbogen-Karte mit jeweils unterschiedlicher Silbenanzahl (1 bis 5 Silbenbögen).<br>In der Mitte liegt ein Stapel mit bis zu 150 Wort-Bild-Karten. Gemeinsame Aufgabe der Gruppe ist es, alle Karten dem richtigen Korb zuzuordnen: „Du kannst alleine oder zu zweit arbeiten. Wenn du bei einer Karte nicht sicher bist, besprich es mit einem anderen Kind."<br>Nachdem alle Karten zugeordnet worden sind, kontrollieren je zwei Kinder einen Korb.<br>Vor dem Start muss das Spiel an ein bis zwei Beispielen geklärt werden. Des Weiteren muss erklärt werden, wie damit umgegangen wird, wenn Bilder nicht eindeutig bestimmten Begriffen zuzuordnen sind. Eine Zuordnung kann als richtig gewertet werden, wenn der genannte Begriff der Wort-Bild-Karte der passenden Silbenanzahl entspricht.<br>Sitzkreis: Besprechung einzelner zuvor diskussionswürdiger Beispiele.<br>Spielalternative: Es kann ein zweiter Durchlauf mit Zeitvorgabe und/oder der Auflage, Wort-Bild-Karten möglichst ohne Fehler zuzuordnen, gespielt werden<br>Spiel B (siehe ◘ Abb. 4.3, rechts):<br>Sitzkreis: Erklärung des Wettspiels<br>Die Kinder bilden zwei Mannschaften. Jede Mannschaft stellt sich an einem Hütchen auf. Ein/-e Spieler/-in je Mannschaft ist pro Aufgabe beteiligt.<br>Variante 1: Der/die Spielleiter/-in hält eine Wort-Bild-Karte hoch. Wer als erster klingelt und die korrekte Anzahl an Silben nennt und begründet, erhält für die Mannschaft einen Punkt.<br>Variante 2: Der/die Spielleiter/-in hält 2 Karten (Wort-Bild-Karte und Silbenbogen-Karte) hoch. Wer als erster klingelt und richtig beantwortet, ob und warum das Paar (nicht) zusammenpasst, erhält für die Mannschaft den Punkt. | Wort-Bild-Karten<br>Sibenbogen-Karten<br>5 Körbe<br>2 Glocken<br>4 Hütchen |

(Fortsetzung)

**▢ Tab. 4.2** (Fortsetzung)

| | Zeit | Aktivität | Material |
|---|---|---|---|
| 3 | 20–30 Min Elternzeit (parallel zur Kinderzeit) | Erwartungsabfrage der Eltern (siehe ▢ Abb. 4.1, links): Die Erwartungsabfrage bietet sich nur an, wenn die Veranstaltung „Laute und Silben" zu Beginn einer LIFE-Veranstaltungsreihe durchgeführt wird. 1. Reflexion der Erfahrungen aus den Aufwärmspielen: Eltern sammeln ihre Erfahrungen zu der lebenden Silben-Statistik. Wie war es für Sie, die Namen zu schwingen? Was haben Sie bei ihren Kindern beobachtet? 2. Schwierige Silbenwörter: Eltern sehen auf einem Flipchart schwierige Silbenwörter (siehe ▢ Abb. 4.2). Sie sollen jeweils ankreuzen, was die richtige Silbentrennung ist. Das grüne Kreuz steht für „Ich bin mir sicher"; das rote Kreuz steht für „Ich glaube, bin mir aber unsicher". 3. Es wird über Regeln der Laut-Buchstaben-Zuordnung und Silbentrennung und über morphematische Aspekte der deutschen Schriftsprache anhand der Silbenwörter diskutiert. 4. Wie können Laute und Silben im Alltag eingebunden werden? Dazu können die Karten „Alltagssituationen mit dem Kind" verteilt werden. Eltern überlegen zu zweit/dritt jeweils 2–4 min, wie man in der dargestellten Situation Laute und Silben einbinden kann. Daraufhin stellen sie ihre Überlegungen der gesamten Gruppe vor und andere Eltern können ergänzen. Die verschiedenen Aspekte werden auf einem Flipchart gesammelt (siehe ▢ Abb. 4.1, rechts). | Karten zu Alltagssituationen mit dem Kind Flipcharts Kreppband Dicke Filzstifte |
| 4 | 10 Min. Abschluss | Zum Abschluss wird das Wettspiel (Spiel B) aus der Kinderzeit gemeinsam mit Eltern gespielt (Spielvarianten: Eltern gegen Kinder, Klasse gegen Klasse, Mitarbeiter/-innen gegen Eltern, …). Es wird ein Ausblick auf die kommende Veranstaltung gegeben. Danach folgt die Verabschiedung. | Material aus der Kinderzeit |

## 4.3  Die Weihnachtsveranstaltung

Ziele

| Eltern | Kinder |
|---|---|
| – Bewusstsein schärfen für die Alltäglichkeit und Allgegenwärtigkeit von Sprache und Schrift (Recognition)<br>– Das Bilderbuch „Die abenteuerliche Weihnachtsreise" nutzen für die Ableitung handlungsorientierter, typischer Aktivitäten der Vorweihnachtszeit (Kochen nach Rezept, Basteln nach Anleitung; Models, Interaction) | – Bewusstsein schärfen über die Alltäglichkeit und Allgegenwart von Sprache und Schrift<br>– Förderung von Textverständnis durch das gemeinsame Lesen von Anleitungen |

**Material der Veranstaltung**
- Vorlage: Einladung zur Veranstaltung (Download: ► https://link.springer.com/chapter/10.1007/978-3-658-28343-8_4)
- Vorlage: Veranstaltungsablauf (Download: ► https://link.springer.com/chapter/10.1007/978-3-658-28343-8_4)
- Das Buch: „Die abenteuerliche Weihnachtsreise"
- Kopiervorlage: Bastelanleitungen Stern, Tannenbaum (Download: ► https://link.springer.com/chapter/10.1007/978-3-658-28343-8_4, ► Kap. 5)
- Pappschablonen, wie auf Bastelanleitungen beschrieben
- Punsch: Zutaten, Herd, Topf, Becher, Kopiervorlage des Rezepts (Download: ► https://link.springer.com/chapter/10.1007/978-3-658-28343-8_4, ► Kap. 5)
- Lebkuchen: Zutaten, Servietten, Kopiervorlage des Rezepts (Download: ► https://link.springer.com/chapter/10.1007/978-3-658-28343-8_4, ► Kap. 5)
- ggf. Gitarre oder CD-Player
- ggf. Präsentationsmedium (Eine PowerPoint-Datei zur Veranschaulichung der Geschichte kann selbst gestaltet werden und hilft, die Geschichte nachzuvollziehen.)
- Pappe in versch. Farben, Stoff, Geschenkpapier, Filzstifte, Geschenkbänder, etc.
- Scheren, Bleistifte, Filzstifte, Klebstoff, Kreppband, dicke Filzstifte, Walnüsse, Lackstifte

- **Vorbereitung der Veranstaltung**

Eine Woche vor der Veranstaltung sollten die Einladungen an die LIFE-Familien herausgegeben werden. Die für die Veranstaltung erforderlichen Materialien müssen in ausreichender Menge gedruckt und die für die Stationen notwendigen Lebensmittel müssen besorgt werden. Wenn das Buch mit einer PowerPoint-Präsentation begleitet werden soll, muss diese vorbereitet werden. Vor der Veranstaltung werden die Gruppentische aufgebaut und die Stationen vorbereitet. Ein Stuhlkreis wird gestellt.

- **Kurzbeschreibung**

Die Weihnachtsveranstaltung beginnt in einem gemeinsamen Stuhlkreis. Zur Einstimmung kann ein Weihnachtslied gesungen werden. Dafür bieten sich

Lieder an, welche Kindern und Eltern bekannt sind. Anschließend wird das Buch „Die abenteuerliche Weihnachtsreise" von Holly Hobbie vorgelesen. Es bietet sich an, die Geschichte aufgrund der zwei unterschiedlichen Handlungsorte von zwei Lesern/-innen vorlesen zu lassen. Das Vorlesen kann durch eine Powerpoint-Präsentation medial unterstützt werden. Die Geschichte handelt von zwei jungen Schweinen, Krümel und Drops, die gemeinsam Weihnachten feiern wollen. Drops muss sich jedoch noch auf die Reise zu seinem Freund Krümel begeben, der in der Zwischenzeit das gemeinsame Weihnachtsfest vorbereitet. In der Geschichte werden viele verschiedene Aktivitäten der Vorweihnachtszeit illustriert.

Im Anschluss an das Vorlesen werden diese Aktivitäten im Veranstaltungsverlauf aufgegriffen und an verschiedenen Stationen im Klassenraum umgesetzt. In den Veranstaltungsräumen sind Gruppentische vorbereitet, an denen die verschiedenen Aktivitäten (Punschzubereitung, Basteln von Baumschmuck, Postkartenherstellung, Glücksnuss -Bemalen und Lebkuchen -Verzieren) durchgeführt werden können. Da die Stationen bereits im Voraus hergerichtet worden sind, können sie aus dem Stuhlkreis heraus vorgestellt werden. Die Kinder können in der verbleibenden Veranstaltungszeit gemeinsam mit ihren Eltern die Stationen bearbeiten, die ihnen am besten gefallen. Die Veranstaltungsleiter/-innen betreuen dabei einzelne Stationen und geben gegebenenfalls Hilfestellung oder Ratschläge bei der Bearbeitung. Die Stationen zum Lebkuchen-Verzieren, Glücksnuss-Bemalen und Karten-Basteln sind ohne große Betreuung umsetzbar, während das Basteln der Girlanden und die Punsch-Station oft eine Betreuungsperson voraussetzen. Das Schneiden der Girlanden bedarf einer besonderen Technik der Schablonenherstellung und die Heizgeräte bei der Punschherstellung sollten nur unter Beaufsichtigung genutzt werden. Der Punsch kann bereits während der Bastelphase oder erst zum Abschluss gemeinsam im Stuhlkreis getrunken werden. An jeder Station sind Bastelanleitungen und Rezepte hinterlegt, welche Eltern und Kinder beim Arbeiten unterstützen und mit nach Hause genommen werden können. Dies verdeutlicht den Alltagsbezug und die Alltagsrelevanz des Lesens und Schreibens.

Zum Ende der Veranstaltung treffen sich die Teilnehmer/-innen wieder im Stuhlkreis. Dort können die Aktivitäten reflektiert werden und die Kinder haben die Möglichkeit, ihre hergestellten Materialien zu präsentieren. Es wird ein Ausblick auf die nächste Veranstaltung gegeben und es besteht die Möglichkeit, noch einmal das Anfangslied zu singen. Abschließend wird in eine fröhliche Weihnachtszeit verabschiedet ◘ Tab. 4.3.

◘ **Tab. 4.3**   Veranstaltungsablauf „Weihnachtsveranstaltung"

|   | Zeit | Aktivität | Material |
|---|------|-----------|----------|
|   | Vor-bereitung | Stuhlkreis und ggf. Präsentationsmedium aufbauen, Gruppentische mit Bastel-Stationen vorbereiten | Siehe Zeile 3 ggf. Präsentations-medium |
| 1 | 10 Min. Begrüßung | Stuhlkreis: Begrüßung, Erläuterung des Ablaufs der Veranstaltung Singen eines Advents- oder Weihnachtsliedes | Ggf. Gitarre oder CD-Player |

(Fortsetzung)

**4**

■ **Tab. 4.3**   (Fortsetzung)

| | Zeit | Aktivität | Material |
|---|---|---|---|
| 2 | 25 Min. Geschichte vorlesen | Vorlesen des Buches „Die abenteuerliche Weihnachtsreise" von Holly Hobbie<br>Das Buch kann mithilfe einiger Bilder und Requisiten vorgelesen werden. Die Kinder beschreiben die Bilder und beantworten an geeigneten, festgelegten Stellen Fragen. Krümel und Drops können in verteilten Rollen vorgelesen werden, um die beiden Erzählperspektiven und Handlungsorte jeweils deutlich hervorzuheben. | Geschichte ggf. Präsentationsmedium |
| 3 | 10 Min. Aufgabenerklärung | Vorstellung der Stationen:<br>„Wir haben euch/Ihnen verschiedene Angebote aufgebaut, bei denen ihr/Sie wie Krümel Vorbereitungen für das Weihnachtsfest treffen könnt. Diese möchten wir Ihnen/euch kurz vorstellen."<br>1. Glücksnuss basteln<br>2. Grußkarten basteln<br>3. Weihnachtsschmuck basteln<br>4. Punsch zubereiten<br>5. Lebkuchen verzieren<br>„Natürlich könnt ihr/können Sie an mehreren Stationen arbeiten. Wir treffen uns um *Zeitangabe* hier vorne im Stuhlkreis wieder, um zu schauen, was ihr/Sie alles gemacht und geschafft habt. Und nun wünsche ich euch/Ihnen viel Spaß bei den Weihnachtsvorbereitungen." | 1. Walnüsse, Lackstifte, Anleitung<br>2. Pappe in versch. Farben, Stoff, Geschenkpapier, Filzstifte, etc.<br>3. Bastelanleitungen (Stern, Tannenbaum), Pappe (evtl. in Streifen), Vorlagen<br>4. Zutaten, Rezept, Herd, Topf, Becher<br>5. Zutaten, Rezept, Servietten |
| 4 | 35 Min. Arbeitsphase | Eltern und Kinder arbeiten an den jeweiligen Stationen (Zeit zum Basteln, Essen und Austauschen). Der Punsch kann entweder während der Arbeitsphase oder zum Abschluss im Stuhlkreis getrunken werden. | Allgemeines Material:<br>– Scheren<br>– Bleistifte<br>– Filzstifte<br>– Klebstoff |
| 5 | 10 Min. Abschluss | Jedes Eltern-Kind-Paar präsentiert das, was während der Stationenarbeit entstanden ist – oder es wird thematisiert, welche Station am meisten Spaß bereitet hat.<br>Fröhliches Weihnachtsfest und einen guten Rutsch ins neue Jahr wünschen.<br>Termin und Thema der nächsten Veranstaltung bekannt geben. | Ergebnisse der Stationsarbeit |

## 4.4 Buchstaben vom Winde verweht

Ziele

| Eltern | Kinder |
| --- | --- |
| – Bewusstsein schärfen über die Alltäglichkeit und Allgegenwärtigkeit von Sprache und Schrift (Recognition)<br>– Alltägliche Interaktionsformen zu Lese- und Schreiblernsituationen entdecken und erleben (Interaction, Opportunities)<br>– Für den spielerischen Umgang mit Sprache und Schrift sensibilisieren (Opportunities) | – Bewusstsein schärfen über die Alltäglichkeit und Allgegenwärtigkeit von Sprache und Schrift<br>– Verständnis der Phonem-Graphem-Zuordnung schärfen<br>– Schrift in der Umwelt entdecken |

**Material der Veranstaltung**
- Vorlage: Einladung zur Veranstaltung (Download: ▶ https://link.springer.com/chapter/10.1007/978-3-658-28343-8_4)
- Vorlage: Veranstaltungsablauf (Download: ▶ https://link.springer.com/chapter/10.1007/978-3-658-28343-8_4)
- Das Buch: Der Buchstabenbaum von Leo Lionni
- Bewegungsgeschichte: „Das Pferderennen" (Download: ▶ https://link.springer.com/chapter/10.1007/978-3-658-28343-8_4)
- Kopiervorlage: Aufgabenzettel 1 und 2 (Download: ▶ https://link.springer.com/chapter/10.1007/978-3-658-28343-8_4, ▶ Kap. 5)
- Bastelvorlage: kleine Buchstaben- und große Wortblätter aus Papier (Download: ▶ https://link.springer.com/chapter/10.1007/978-3-658-28343-8_4, ▶ Kap. 5)
- Äste, Eimer mit Erde (Befestigung auch am Stuhl mit Kreppband möglich)
- ggf. Präsentationsmedium
- ggf. Plüschfigur des Käfers
- Buntstifte, Blättersäckchen

■ **Vorbereitung der Veranstaltung**

Eine Woche vor der Veranstaltung sollten die Einladungen an die LIFE-Familien herausgegeben werden. Die für die Veranstaltung erforderlichen Materialien müssen vorbereitet werden. Es müssen sowohl kleine als auch große Blätter ausgeschnitten werden. Ein Buchstabenbaum muss besorgt werden und wird vor der Veranstaltung aufgestellt (siehe ◘ Abb. 4.4). Für die Veranstaltung werden Gruppentische aufgebaut und für die Begrüßung ein Stuhlkreis um den Buchstabenbaum aufgestellt.

■ **Kurzbeschreibung**

Die Veranstaltung beginnt gemeinsam im Stuhlkreis. In der Mitte des Stuhlkreises befindet sich ein kleiner Baum (möglich ist auch ein Ast mit vielen Zweigen), der fest in einem beschwerten Topf steht. Neben vereinzelten Blättern, die noch am Baum hängen, liegen die meisten Blätter neben dem „Buchstabenbaum" auf dem Boden (siehe ◘ Abb. 4.4). Die Blätter sind aus buntem Tonkarton geschnitten und mit einem Faden versehen, der durch ein kleines Loch gezogen ist. Dieser ermöglicht es, die Blätter an den Baum zu hängen.

**4**

◘ **Abb. 4.4**    Beispielanordnung des Buchstabenbaums

Zum Einstieg kann zuvor das Buch „Der Buchstabenbaum" von Leo Lionni und der Wortkäfer vorgestellt werden, bevor der erste aktive Teil der Veranstaltung mit der Bewegungsgeschichte „Das Pferderennen" beginnt. Das Bewegungsspiel wird erläutert und während
des Vorlesens durch die anderen Veranstaltungsleiter/-innen mit Bewegungen begleitet.
Im Anschluss an das Pferderennen wird die Bildergeschichte vorgelesen. Diese kann durch
Bilder, die mithilfe eines Präsentationsmediums an die Wand projiziert werden, für die
Kinder und Eltern veranschaulicht werden. Für die anstehenden Aktivitäten ist das Buch
in drei Abschnitte gegliedert. Abschnitt I endet auf Seite 12, Abschnitt II auf Seite 19 und
Abschnitt III geht bis zum Ende der Geschichte.

Nachdem Kinder und Eltern Abschnitt I gehört haben, in dem das Problem – die
Buchstaben der Blätter des Buchstabenbaumes werden aufgrund eines Sturmes fortgeweht – geschildert wird, erhalten sie die Aufgabe, auf Buchstabenschatzsuche zu
gehen. Eltern und Kinder nehmen sich leere kleine Buchstabenblätter und einen Stift
vom Boden und gehen je nach Wetterlage im Schulgebäude oder auf dem Schulgelände
auf Entdeckungsreise. Sie suchen verschiedene Buchstaben in der Umwelt und schreiben auf die eine Seite eines kleinen Buchstabenblattes je einen Buchstaben und auf die
andere Seite das Wort, in dem sie den Buchstaben gefunden haben. Erfahrungsgemäß
sind durchschnittlich zehn Buchstabenblätter je Eltern-Kind-Paar angemessen. Eine
mögliche vertiefende Aufgabe für die Buchstabenschatzsuche ist, besonders viele oder
besonders außergewöhnliche Buchstaben zu finden sind. Auch besondere Orte können
aufgegriffen werden. Im Anschluss an die Buchstabenschatzsuche hängen die Kinder die
mit den Buchstaben beschrifteten Blätter an den Buchstabenbaum. Für die folgende Aufgabe ist es sinnvoll, dass jedes Eltern-Kind-Paar seine Blätter mit einem eigenen Zeichen
kennzeichnet, bevor die Blätter an den Baum gehängt werden. Alternativ können auch

verschiedene Kombinationen aus Tonpapier- und Bändchenfarbe als Erkennungsmerkmal für Eltern-Kind-Paare genutzt werden. Eltern und Kinder reflektieren gemeinsam darüber, an welchem Ort sie die Buchstaben gefunden haben oder welche Buchstaben besonders häufig bzw. selten vorkommen und welche Gründe es dafür geben könnte.

Nun wird Abschnitt II der Geschichte vorgelesen. Der Wortkäfer erklärt den einzelnen Buchstaben, dass sie sich, wenn sie sich zu Wörtern zusammentun, bei Sturm und Wind besser am Baum festhalten können. Die zweite Aufgabe besteht darin, es den Buchstaben in der Geschichte gleich zu tun. Aus den am Baum hängenden Buchstaben werden nun – im Sinne eines Buchstaben-Scrabbles – so viele Wörter wie möglich gebildet. Jedes Kind nimmt sich seine Blätter vom Baum und bildet mit dem Elternteil verschiedene Wörter. Bei fehlenden Buchstaben können sie erneut auf Schatzsuche gehen, Buchstaben untereinander tauschen oder Fantasiewörter entwerfen. Die gebildeten Wörter werden schriftlich auf einem großen Wortblatt aus Tonpapier festgehalten.

Im anschließenden Stuhlkreis werden die entworfenen Wörter vorgestellt. Zum Abschluss wird Abschnitt III der Geschichte vorgelesen, bevor die Veranstaltung mit einem Ausblick auf die nächste Veranstaltung endet (◘ Tab. 4.4).

◘ **Tab. 4.4** Veranstaltungsablauf „Buchstaben vom Winde verweht"

|  | Zeit | Aktivität | Material |
|---|---|---|---|
|  | Vorbereitung | In der Mitte des Raumes bzw. Stuhlkreises steht ein Baum/Ast. Um den Baum verteilt liegen ganz viele kleine Blätter (ca. 10 je Eltern-Kind-Paar) auf dem Boden. Die Geschichte „Der Buchstabenbaum" liegt daneben. Kleine Gruppentische mit den großen Blättern versehen/bauen. | Äste Eimer mit Erde Kleine Buchstaben- und große Wortblätter |
| 1 | 10 Min. Begrüßung und Einführung | Kurze Einführung zu Thema und Ablauf der Veranstaltung Zur Einführung kann zum Beispiel der „Wortkäfer" vorgestellt und mit Kindern und Eltern zusammen gerätselt werden, welche Rolle der Käfer im Laufe der Veranstaltung spielen wird. | Optional Plüschfigur eines Käfers |
| 2 | Aufwärmspiel | Zum Aufwärmen wird die Bewegungsgeschichte „Das Pferderennen" vorgelesen. | Pferderennen-Text |
| 3 | 10 Min. Geschichte Abschnitt I | Abschnitt I der Geschichte „Der Buchstabenbaum" von Leo Lionni wird vorgelesen (bis S. 12, „Als der Sturm vorüber war…"). Die Geschichte kann interaktiv mit den Kindern wiederholt werden. Dies kann auch schon während der Geschichte passieren. | Geschichte ggf. Präsentationsmedium |

(Fortsetzung)

**4**

■ **Tab. 4.4**    (Fortsetzung)

| | Zeit | Aktivität | Material |
|---|---|---|---|
| 4 | 20 Min.<br>Aufgabe 1<br>Familienzeit | Aufgabe 1: Buchstabenschatzsuche<br>„Jetzt seid ihr an der Reihe: Hier unten seht ihr die heruntergewehten Blätter. Eure Aufgabe ist es nun, sie wieder mit Buchstaben zu füllen. Ihr habt nun 20 Minuten Zeit mit eurer Mama/eurem Papa loszuziehen und Buchstaben zu suchen.<br>Wo kann man zum Beispiel einen Buchstaben finden?<br>Sucht auch an ganz ausgefallen Orten, wie zum Beispiel auf den Toiletten oder hinter dem Schulgebäude.<br>Schreibt dann jeweils einen Buchstaben auf ein Blatt und auf die Rückseite das Wort, in dem der Buchstabe enthalten war. Dabei kann euch eure Mama/eurer Papa helfen.<br>Damit ihr die Blätter nicht auf dem Weg verliert, bekommt ihr von mir je ein Blättersäckchen.<br>Los geht's! Wir treffen uns in 20 Minuten wieder im Stuhlkreis!" | Kleine Buchstabenblätter<br>Buntstifte<br>Blättersäckchen<br>Aufgabenzettel 1 |
| 5 | 10 Min.<br>Reflexion der<br>Ergebnisse 1 | Eltern-Kind-Paare können ihre „Buchstabenblätter" mit einem persönlichen Zeichen versehen, damit sie sie für die folgende Aufgabe wiederfinden.<br>Nach und nach hängen alle Kinder ihre beschriebenen „Buchstabenblätter" an den Buchstabenbaum im Klassenzimmer. Eltern und Kinder setzen sich wieder in den Stuhlkreis.<br>Fragen zur Reflexion der gesammelten Blätter:<br>Wo habt ihr eure Buchstaben gefunden?<br>Was war der außergewöhnlichste Ort?<br>Welche Buchstaben kommen besonders oft vor?<br>Welche Buchstaben findet ihr nur sehr selten?<br>Wieso gibt es einige Buchstaben so oft oder einige so selten? | Beschriebene Buchstabenblätter |
| 6 | 5 Min.<br>Geschichte<br>Abschnitt II | Kurze Wiederholung der Geschichte mit den Kindern zusammen.<br>Abschnitt II der Geschichte wird vorgelesen (bis S. 19)<br>Der Wortkäfer kommt ins Spiel. | Geschichte |

(Fortsetzung)

◻ **Tab. 4.4** (Fortsetzung)

| | Zeit | Aktivität | Material |
|---|---|---|---|
| 7 | 10–15 Min.<br>Aufgabe 2<br>Familienzeit | Aufgabe 2: Buchstaben-Scrabble<br>„Geht mit euren Eltern an einen der Tische und versucht mit euren Buchstaben, so wie der Wortkäfer in der Geschichte, verschiedene Wörter zu bilden.<br>Nehmt dafür eure Blätter vom Baum mit an die Tische.<br>Die Wörter, die ihr erfindet, können richtige Wörter oder Fantasiewörter sein. Schreibt sie auf die großen Wortblätter, die für euch schon auf den Tischen bereitliegen.<br>Was könnt ihr tun, wenn euch ein Buchstabenblatt fehlt?" – Strategien besprechen.<br>„Wir treffen uns dann mit den großen Wortblätter in ca. 10–15 Minuten im Stuhlkreis wieder." | Große Wortblätter<br>Aufgabenzettel 2<br>Stifte |
| 8 | 10 Min.<br>Reflexion der Ergebnisse 2<br>Geschichte<br>Abschnitt III | Ergebnispräsentation (Kinder und Eltern sitzen wieder zusammen im Stuhlkreis). Reihum wird das Lieblingswort vorgestellt.<br>Die Geschichte wird zu Ende vorgelesen. | Geschichte |
| 9 | 5 Min.<br>Ausblick und Abschluss | Kinder und Eltern können sowohl kleine als auch große Blätter mit nach Hause nehmen, um die Suche im Haushalt fortzusetzen und das Buchstaben-Scrabble weiter zu spielen. Zum Abschluss können mit Eltern und Kindern Ideen gesammelt werden, wo man im eigenen Haushalt Buchstaben suchen und finden kann.<br>Es wird ein Ausblick auf die nächste Veranstaltung gegeben. | |

## 4.5 Vorlesen und Vorlesen-Lassen

### Ziele

| Eltern | Kinder |
|---|---|
| – Vorlese- und Zuhörsituationen erfahren (Models)<br>– Verschiedene Möglichkeiten von Anschlusskommunikation ausprobieren (Interaction)<br>– Handlungsorientierte Möglichkeiten im Zusammenhang mit Vorlesesituationen erproben (Opportunities)<br>– Leseinteressen der Kinder erkunden (Recognition) | – Verschiedene Textsorten kennenlernen<br>– Lesemotivation und Leseinteresse stärken |

**4**

**Material der Veranstaltung**

- Vorlage: Einladung zur Veranstaltung (Download: ▶ https://link.springer.com/chapter/10.1007/978-3-658-28343-8_4)
- Vorlage: Veranstaltungsablauf (Download: ▶ https://link.springer.com/chapter/10.1007/978-3-658-28343-8_4)
- Bewegungsgeschichte: „Hoppel und Poppel" von Andrea Gutwein (2007)
- Kopiervorlage: Moderationsanleitung für die Stationen (Download: ▶ https://link.springer.com/chapter/10.1007/978-3-658-28343-8_4,Kap. 5)
- Bastelvorlage: Stempelstern (Download: ▶ https://link.springer.com/chapter/10.1007/978-3-658-28343-8_4, ▶ Kap. 5)
- Kopiervorlage: Arbeitsblätter für die Stationen (Download: ▶ https://link.springer.com/chapter/10.1007/978-3-658-28343-8_4)
- Stempel für die einzelnen Lesestationen, Stempelkissen
- Bücher (siehe Stationen), DIN-A4-Blätter, Stifte

**▪ Vorbereitung der Veranstaltung**

Eine Woche vor der Veranstaltung sollten die Einladungen an die LIFE-Familien herausgegeben werden. Die für die Veranstaltung erforderlichen Materialien müssen gedruckt werden. Der Stempelstern für die Stationenarbeit muss vorbereitet werden. Vor der Veranstaltung müssen Gruppentische vorbereitet werden.

**▪ Kurzbeschreibung**

Die Veranstaltung beginnt gemeinsam mit Kindern und Eltern im Stuhlkreis. Dort wird kurz in das Thema der Veranstaltung eingeführt und erklärt, warum das Vorlesen und Vorlesen-Lassen wichtig für den Lesekompetenzerwerb der Kinder ist. Nach der Erläuterung des Ablaufs startet die Veranstaltung mit der Bewegungsgeschichte „Hoppel und Poppel" von Andrea Gutwein (2007). Diese Mitmachgeschichte wird von einem/-r Veranstaltungsleiter/-in vorgelesen. Im Anschluss an das Aufwärmen werden die Stationen der Veranstaltung vorgestellt. Im Rahmen von fünf verschiedenen (Vor-)Lesestationen (Vorlesetipps, Reime, bunte Lesewelt, Vorlesen mit Bewegung und Fragen beim Vorlesen) können Eltern nicht nur Informatives zum gemeinsamen Lesen erfahren, sondern verschiedene Arten des gemeinsamen Lesens und verschiedene Kommunikationsformen zu unterschiedlichen Textsorten kennenlernen und sofort mit ihrem Kind zusammen ausprobieren.

Die Eltern erkunden die Stationen gemeinsam mit den Kindern. Dafür ist ein Zeitraum von 40 Minuten angesetzt. Für die in diesem Zeitraum bearbeiteten Stationen können Kinder je Station einen Stempel sammeln. Als Stempelkarte dient ein Stern. Dies ermöglicht es, dass jeder Zacken mit einem Stempel gefüllt werden kann. In die Mitte des Sterns kann der Stempel der Lieblingsstation erneut gestempelt werden (siehe Bastelvorlage in der). Der Stern ist voll, wenn Kind und Elternteil jede Station bearbeitet haben. Es geht jedoch nicht darum, Kinder und Eltern unbedingt zu animieren, jede der fünf Stationen zu bearbeiten. Wenn man merkt, dass ein Eltern-Kind-Paar besonders viel Spaß ein einer Station hat, können Sie auch die gesamte Arbeitsphase an einer Station verbringen.

Nach Ende der Arbeitsphase treffen sich alle gemeinsam im Stuhlkreis wieder. Die Kinder können anhand ihrer Stempelkarte erzählen, welche Stationen sie bearbeitet haben und von ihrer Lieblingsstation berichten. Auch Eltern berichten von ihrer Lieblingsstation. Der Abschluss lässt sich variieren, indem die Kinder sich am Ende zu der favorisierten Station stellen. So bilden sich mehrere Grüppchen um die einzelnen Gruppentische. Stichprobenartig können Kinder und Eltern erzählen, was ihnen an der Station am besten gefallen hat. Abschließend wird im Stuhlkreis ein Ausblick auf die nächste Veranstaltung gegeben (◘ Tab. 4.5).

◘ **Tab. 4.5** Veranstaltungsablauf „Vorlesen und Vorlesen-Lassen"

|   | Zeit | Aktivität | Material |
|---|---|---|---|
|   | Vorbereitung | Im Klassenraum werden Gruppentische gestellt. Aufgrund der fünf Stationen bedarf es fünf Gruppentische. Jeder Tisch muss mit einer Station vorbereitet werden. In der Mitte des Klassenraumen wird ein Stuhlkreis gestellt. | Material der fünf Vorlesestationen |
| 1 | 5 Min. Begrüßung und Einführung | Nach der Begrüßung erfolgt eine kurze Einführung in das Thema: Warum sind das Vorlesen und gemeinsame Lesen wichtig? Was ist das Ziel der heutigen Veranstaltung? Danach wird der Veranstaltungsablauf erläutert. |   |
| 2 | 10 Min. Aufwärmspiel | Zum Aufwärmen wird die Bewegungsgeschichte „Hoppel und Poppel" vorgelesen. | Bewegungsgeschichte „Hoppel und Poppel" |
| 3 | 10 Min. Vorstellung und Erklärung der Stationenarbeit | Phase 1: Ausprobieren der Stationen Eltern und Kinder können nach freier Wahl alle Stationen nacheinander ausprobieren. An den Stationen, die gleich im Einzelnen genauer vorgestellt werden, liegen jeweils kleine Arbeitsaufträge und Anleitungen. Eltern-Kind-Paare werden durch das Stempelsystem animiert möglichst viele Stationen auszuprobieren. Sie können jedoch auch ausschließlich an einer Station arbeiten. Haben Kinder und Eltern eine Station ausprobiert (egal wie lange), bekommt das Kind einen entsprechenden Stempel in eine Ecke des Sterns. Phase 2: Entscheiden für die Lieblingsstation Nach dem Ausprobieren aller Stationen können Kinder und Eltern sich entscheiden, an welcher Station sie am liebsten gearbeitet haben. Kinder erhalten den entsprechenden Stempel in die Mitte ihres Sterns. Eltern überlegen einfach so, welches ihre Lieblingsstation war. | Moderationsanleitung für die verschiedenen Stationen Stempelstern |
| 4 | 40–45 Min. Arbeitsphase | Arbeit an den Stationen. Eltern und Kind arbeiten immer zusammen an einer Station. | Material für die Stationen Stempelstern Stempelkissen Bücher, DIN-A4-Blätter, Stifte |

(Fortsetzung)

**4**

◻ **Tab. 4.5**   (Fortsetzung)

|   | Zeit | Aktivität | Material |
|---|------|-----------|----------|
| 5 | 10–15 Min. Abschluss und Ausblick | Kinder und Eltern treffen sich im Stuhlkreis. Zusammen wird reflektiert, welche Station und welches Buch den Kindern und Eltern am besten gefallen haben. Abschließend wird ein Ausblick auf die nächste Veranstaltung gegeben. | |

- **Kurzerläuterung der fünf Stationen**

1. Vorlesen mit Bewegung
   Die Bewegungsgeschichte „Hoppel und Poppel" ist bereits ein Beispiel für das Vorlesen mit Bewegung. Bei Bewegungsgeschichten handelt es sich um Geschichten, die jemanden dazu auffordern, Bewegung nachzumachen. Man muss ganz genau hinhören, um zu verstehen, was man machen soll, oder gemeinsam überlegen, wie man sich passend zur Geschichte bewegt.
   *Medien:*
   *Gutwein, A. (2007). kigatreff. mitmachgeschichten. Norderstedt: Books on Demand GmbH.*
   *Manz, H. (1983). Das Schnuppernasengesicht. spielen und lernen, Jahrbuch '84. Hrsg. Von der Zeitschrift Spielen und Lernen. Seelze: Velber.*

2. Vorlesetipps
   An dieser Station erhalten insbesondere die Eltern hilfreiche Tipps rund um das Vorlesen. Des Weiteren werden hier Fragen und Anregungen diskutiert. Parallel können die Kinder einer vorgelesenen Geschichte zuhören. Es gibt zahlreiche hilfreiche Anregungen in Form von Handouts an dieser Station, die jede Mutter/jeder Vater mit nach Hause nehmen kann.

3. Fragen beim Vorlesen
   An dieser Station finden Eltern und Kinder verschiedene Geschichten zum Vorlesen. Passend zu den Geschichten liegen verschiedene Arbeitsblätter mit möglichen Fragen zur Geschichte bereit, um über den Text hinaus ins Reden zu kommen.
   *Medien:*
   *Blesius, S., & Reider, K. (2015). Herzlichen Glückwunsch Titu. In Tierische Abenteuer (Lizenzausgabe). Leselöwen: Lesestufe 1. Potsdam: Tandem.*
   *Holzwarth, W., & Erlbruch, W. (2001). Vom kleinen Maulwurf, der wissen wollte, wer ihm auf den Kopf gemacht hat (Miniausg., 10. Aufl.). Wuppertal: Hammer.*
   *Heine, H. (2003). Der Rennwagen (2. unverän. Aufl.). Weinheim: Beltz & Gelberg.*

4. Bunte Lesewelt
   Hier wird es kreativ. Passend zur Geschichte „Seine eigene Farbe" von Leo Lionni können Kinder und Eltern die Hauptfigur, das Chamäleon, auf verschiedene Art gestalten.
   *Medien:*
   *Lionni, L., & Jandl, E. (2017). Seine eigene Farbe (4. Aufl.). Weinheim: Beltz & Gelberg.*

5. Reime und Gedichte

An dieser Station liegen Reime, Gedichte und Rätsel aus. Sie sollen animieren zum Weiter- und Selberreimen. Dazu liegen ebenfalls Arbeitsblätter unterschiedlichen Schwierigkeitsgrades an der Station aus.

*Medien:*

*Bydlinski, G. & Holland, C. (2005). Ein Gürteltier mit Hosenträgern. Gedichte und Lieder für Kinder und ihre Erwachsenen. Wien: Dachs.*

*Gelberg, H.-J. (Hrsg.). (2011). Überall und neben dir. Gedichte für Kinder und Erwachsene (Gulliver, Bd. 1225, 2. [Nachdr.]). Weinheim: Beltz & Gelberg.*

*Maar, P. (2012). Da bin ich gespannt wie ein Gummiband: Die samsigsten Sprüche vom Sams. Hamburg: Oetinger.*

*Maar, P., & Krause, U. (2010). Jaguar und Neinguar: Gedichte ([Nachdr.]). Hamburg: Oetinger.*

## 4.6 Hannes ohne Brille

Ziele

| Eltern | Kinder |
|---|---|
| – Die Vorbildfunktion der Eltern stärken im Rahmen der Erstellung der Sinneskisten (Model) <br> – Das Potenzial der Umwelt (am Beispiel des Waldes) für den Lesekompetenzerwerb entdecken (Opportunities) | – Den wald- und sinnesbezogenen Wortschatz erweitern <br> – Textverständnis durch Verknüpfung mit Vorwissen fördern |

**Material der Veranstaltung**

- Vorlage: Einladung zur Veranstaltung (Download: ▶ https://link.springer.com/chapter/10.1007/978-3-658-28343-8_4)
- Vorlage: Veranstaltungsablauf (Download: ▶ https://link.springer.com/chapter/10.1007/978-3-658-28343-8_4)
- Buch: „Hannes ohne Brille" pro Eltern-Kind-Paar (Download: ▶ https://link.springer.com/chapter/10.1007/978-3-658-28343-8_4)
- Kopiervorlage: Tierkarten (Download: ▶ https://link.springer.com/chapter/10.1007/978-3-658-28343-8_4, ▶ Kap. 5)
- Kopiervorlage: Sinneskarten (Download: ▶ https://link.springer.com/chapter/10.1007/978-3-658-28343-8_4, ▶ Kap. 5)
- Kopiervorlage: Aufgaben (Download: ▶ https://link.springer.com/chapter/10.1007/978-3-658-28343-8_4, ▶ Kap. 5)
- Material für Sinnesboxen: Waldmaterial, ggf. Kräuter, Nüsse, getrocknete Beeren

- **Vorbereitung der Veranstaltung**

Eine Woche vor der Veranstaltung sollten die Einladungen an die LIFE-Familien herausgegeben werden. Die für die Veranstaltung erforderlichen Materialien müssen gedruckt und Nüsse, Kräuter und getrocknete Früchte (Cranberries, Rosinen) gekauft werden. Vor der Veranstaltung müssen Gruppentische vorbereitet werden.

**4**

■ **Kurzbeschreibung**

Die Veranstaltung beginnt im gemeinsamen Stuhlkreis. Nach der Begrüßung wird das Thema der Veranstaltung und der Ablauf kurz vorgestellt. Anschließend wird die Geschichte „Hannes ohne Brille" vorgelesen. Hannes ist ein Maulwurf, der ohne seine Brille nicht viel sehen kann. An einem bestimmten Tag in der Waldschule hat er seine Brille vergessen und ist somit auf Beschreibungen des Waldes von seinen Klassen-kameraden/-innen – weiteren Waldtieren – angewiesen. Verschiedene Tiere berichten ihm je auf einer Seite des Buches über die Beschaffenheit des Waldes. Dies geschieht je aus der Perspektive eines bestimmten Sinnes. So beschreibt z. B. die Maus, welche sich ausgezeichnet auf dem Waldboden auskennt, wie sich der Wald anfühlt. Der Hase, der mit seinen großen Ohren besonders gut hören kann, erklärt demgemäß, wie sich der Wald anhört, wenn ein Mensch hindurchstapft. Im Anschluss an das Vorlesen wird die Geschichte anhand von Fragen mit passenden Bildkarten nacherzählt. Die Eltern und Kinder erhalten nun die Aufgabenstellung. Jedes Eltern-Kind-Paar erhält den Auftrag eine „Sinnes-Box" zu gestalten. Entsprechend der in der Geschichte angesprochenen Sinne sollen sie eine Box gestalten, die einen dieser Sinne anspricht. Ob sie sich für das Schmecken, Riechen, Hören oder Tasten entscheiden, bleibt dabei jedem Eltern-Kind-Paar selbst überlassen. Die Eltern-Kind-Paare erhalten jeweils eine Box und ihr ausgewähltes Sinnessymbol. Gemeinsam können sie auf dem Schulgelände nun nach Gegenständen suchen, die ihr ausgewähltes Sinnesorgan ansprechen. Da ess-bare Gegenstände schwer zu finden sind, sollte für Nüsse, Beeren oder Ähnliches vorgesorgt werden. Nach Fertigstellung der Boxen finden sich alle wieder im Stuhl-kreis zusammen. Die Geschichte wird erneut vorgelesen und die Kinder dürfen ihre Sinnes-Boxen passend zur Geschichte herumreichen, um so live zu erleben, welche Geräusche im Wald vorkommen, wie sich der Waldboden anfühlt usw. Zum Abschluss wird ein Ausblick auf die nächste Veranstaltung gegeben (◘ Tab. 4.6).

◘ **Tab. 4.6**   Veranstaltungsablauf „Hannes ohne Brille"

| | Zeit | Aktivität | Material |
|---|---|---|---|
| | Vorbereitung | Ein Stuhlkreis zum Vorlesen der Geschichte muss zusammengestellt werden. Das Material für die Sinnes-Boxen kann schon auf den Tisch verteilt werden. Als Tischanordnung eignen sich am besten Gruppentische. | Sinnes-Boxen-Material |
| 1 | 5–10 Min. Begrüßung | Nach einer kurzen Begrüßung wird das Thema und der Ablauf der Veranstaltung vorgestellt. | |
| 2 | 15 Min. Geschichte vorlesen | Die Geschichte „Hannes ohne Brille" wird vorgelesen. Danach wird die Geschichte anhand von Fragen und passenden Bild-karten noch einmal aufbereitet. Besonderer Bezug soll dabei auf die ver-schiedenen Sinne, die in der Geschichte eine Bedeutung haben, genommen werden. | Geschichte Jedes Eltern-Kind-Paar bekommt ein Druck-exemplar von „Hannes ohne Brille" |

(Fortsetzung)

❏ **Tab. 4.6** (Fortsetzung)

| | Zeit | Aktivität | Material |
|---|---|---|---|
| 3 | 5–10 Min. Erläuterung der Aufgabe | Der/die Veranstaltungsleiter/-in stellt die Aufgabe vor. Jedes Eltern-Kind-Paar darf sich aussuchen, zu welchem der Sinne aus der Geschichte es eine Sinnes-Box zusammenstellen möchte. Dafür erhält jedes Eltern-Kind-Paar ein passendes Aufgabenblatt mit dem passenden Sinnessymbol. Eltern und Kinder sollen sich ihren Teil der Geschichte noch einmal in Ruhe durchlesen. Danach gehen sie im Schulgebäude oder auf dem Schulgelände auf Entdeckungsreise und sammeln Material für ihre Sinnes-Box. | Aufgabenblätter entsprechend der Sinne |
| 4 | 30–40 Min. Arbeitsphase | Ein Hilfe-Tisch mit Waldmaterialien und ein Basteltisch, auf dem die leeren Sinnes-Boxen und weitere Bastelmaterialien liegen, wird von den Veranstaltungsleitern/-innen vorbereitet. Eltern-Kind-Paare bedienen sich am Material oder suchen draußen selbst nach Material für ihre Sinnes-Boxen. | Bastelmaterial Waldmaterial Sinnes-Boxen |
| 5 | 15 Min. Reflexion, Abschluss und Ausblick | Die Geschichte wird noch einmal vorgelesen. Die Sinnes-Boxen der Eltern und Kinder werden passend zur Geschichte herumgereicht und ausprobiert. Es wird zugehört, gefühlt, angesehen, geschmeckt, u.v.m. | Für den Geschmackssinn können Kräuter, Nüsse oder getrocknete Beeren mitgebracht werden. |

## 4.7 Aus Wörtern werden Sätze

Ziele

| Eltern | Kinder |
|---|---|
| – Das materialgestützte Spielen mit Sprache als neue Interaktionsform und Anschlusskommunikation an das Bilderbuch „Pezzetino" erproben (Interaction, Opportunities)<br>– Fähigkeiten und Vorgehensweisen beim Lesen und Schreiben des Kindes beobachten und einordnen (Recognition)<br>– Unterstützung bei Schwierigkeiten in der Satzproduktion und Verschriftlichung anbieten (Model) | – Den Satz inhaltlich und grammatisch auf einer handlungsorientierten Ebene erfahren und so Grammatikverständnis entwickeln<br>– Im Kontext der Geschichte „Pezzetino" sinnvolle und sinnlose Beispiele für Sätze finden<br>– Textverständnis durch Verknüpfung mit Vorwissen fördern |

**4**

> **Material der Veranstaltung**
> - Vorlage: Einladung zur Veranstaltung (Download: ▶ https://link.springer.com/chapter/10.1007/978-3-658-28343-8_4)
> - Vorlage: Veranstaltungsablauf (Download: ▶ https://link.springer.com/chapter/10.1007/978-3-658-28343-8_4)
> - Das Buch „Pezzetino" von Leo Lionni
> - Spielanleitung: „Ein Stückchen erraten" (Download: ▶ https://link.springer.com/chapter/10.1007/978-3-658-28343-8_4, ▶ Kap. 5)
> - Kopiervorlage: Aufgabenblätter für Eltern-Kind-Aktivität (Download: ▶ https://link.springer.com/chapter/10.1007/978-3-658-28343-8_4, ▶ Kap. 5)
> - Kopiervorlage: Nomen-Würfel (Download: ▶ https://link.springer.com/chapter/10.1007/978-3-658-28343-8_4, ▶ Kap. 5)
> - Kopiervorlage: Verben-Würfel (Download: ▶ https://link.springer.com/chapter/10.1007/978-3-658-28343-8_4, ▶ Kap. 5)
> - Kopiervorlage: leere Würfelnetze (Download: ▶ https://link.springer.com/chapter/10.1007/978-3-658-28343-8_4, ▶ Kap. 5)
> - ggf. Präsentationsmedium mit Powerpoint-Datei des Buches
> - 9 weiße DIN-A4 Blätter
> - Scheren, Stifte, Klebstoff

■ **Vorbereitung der Veranstaltung**

Eine Woche vor der Veranstaltung sollten die Einladungen an die LIFE-Familien herausgegeben werden. Die für die Veranstaltung erforderlichen Materialien müssen gedruckt werden. Die Verben- und Nomen-Würfel-Vorlagen sollten optimaler Weise auf verschieden farbigem Papier gedruckt werden, um sie besser auseinander halten zu können. Vor der Veranstaltung müssen Gruppentische vorbereitet werden.

■ **Kurzbeschreibung**

Der Beginn der Veranstaltung findet im Stuhlkreis statt. Dort wird den Eltern und Kindern ein Einblick in das Thema „Aus Wörtern werden Sätze" und in den Verlauf der Veranstaltung gegeben. Zum Einstieg wird gemeinsam mit den Kindern das Aufwärmspiel „Ein Stückchen erraten" gespielt. Ein freiwilliges Kind verlässt gemeinsam mit einem/-r Spielleiter/-in den Raum, während sich alle anderen im Raum um ein vorbereitetes Quadrat sammeln. Dieses Quadrat besteht aus neun kleinen Quadraten (neun DIN-A4-Blätter). Die Kinder und Eltern im Klassenraum suchen sich gemeinsam eines dieser Quadrate aus, welches das draußen wartende Kind erraten muss. Außerhalb des Klassenraums wird dem Kind der Spieltrick erklärt.

Sobald die Kinder sich für ein Quadrat entschieden haben, kommt das Kind zurück in den Klassenraum. Der/Die Spielleiter/-in, welcher sich die ganze Zeit im Raum befunden hat, zeigt nun auf mögliche Quadrate und fragt: „Ist das das ausgesuchte Quadrat?". Die Art des Zeigens auf die Quadrate ist dabei der Hinweis für das ratende Kind. Der/Die Spielleiter/-in zeigt auf der Quadratfläche immer an die Stelle, an der sich das von den Kindern und Eltern ausgewählte Quadrat befindet. Haben sich die Kinder und Eltern beispielsweise das Quadrat links unten ausgesucht, zeigt der/die Spielleiter/-in bei jedem Quadrat immer auf die untere linke Ecke. Anhand dieses Spieltricks ist es dem Kind möglich, das ausgewählte Quadrat zu erraten, ohne bei der Besprechung vorher im Raum gewesen zu sein (eine detaillierte Anleitung findet sich in ▶ Abschn. 5.7).

Im Anschluss an das Spiel wird die Geschichte „Pezzettino" von Leo Lionni vorgelesen. Es bietet sich an, Bilder der Geschichte mithilfe eines Präsentationsmediums an die Wand zu projizieren. „Pezzettino" ist italienisch und heißt ‚Stückchen'. So beginnt die Bilderbuchgeschichte. Pezzettino, die Hauptfigur der Geschichte, begibt sich auf die Suche nach „irgendetwas", denn es denkt, dass es Teil von etwas Größerem ist. Auf seiner Suche begegnet es vielen verschiedenen und ungewöhnlichen Gestalten, wie beispielsweise „De[m], der rennt" (S. 7) oder „Dem, der nachdenkt und in einer Höhle wohnt" (S. 16). Leider muss jede Gestalt Pezzettino mitteilen, dass es kein Stück von ihr ist. Daraufhin begibt sich Pezzettino auf eine Insel, um nachzudenken. Auf der Insel bemerkt es nach einem kleinen Unfall, dass es selbst aus vielen kleineren Stückchen besteht und kehrt mit dieser Erkenntnis zu seinen Freunden zurück.

Die Geschichte kann anhand eines Vorleseskripts, projizierter Bilder und drei verschiedener Leser/-innen vorgelesen werden. Ein/-e Leser/-in übernimmt die Rolle des Erzählers, eine/-r die des Pezzettino und eine/-r die der Freunde. Die Erzählerstimme übernimmt zudem die begleitenden Fragen zum Text. In der Geschichte wird die Metapher „Stückchen von etwas" aufgenommen, welche im folgenden Veranstaltungspunkt aufgegriffen wird.

Die zentrale Aufgabe für die Eltern-Kind-Paare besteht nach dem Vorlesen und Diskutieren der Metapher in der Geschichte darin, sich selbst „Satzstückchen" zu bauen. Dazu liegt für Kinder und Eltern Material vor. Sie können zwei verschiedene dreidimensionale Würfel basteln, die sich in ihrer Farbe unterschieden. Auf den Seiten der Würfel finden sie die einzelnen Gestalten der Geschichte wieder. Würfel 1 enthält auf jeder Seite den Namen einer Gestalt, die Pezzettino auf seiner Suche kennenlernt. Würfel 2 ist auf jeder Seite mit einem entsprechenden Verb, welches die Handlung der Gestalten beschreibt, beschriftet. Um die beiden Würfel besser voneinander unterscheiden zu können, bietet es sich an, sie auf verschieden farbiges Papier zu drucken. Eingeleitet werden kann die Bastelphase mit einem vorgefertigten Beispiel. Zwei Kinder nehmen sich jeweils einen Würfel und lesen abwechselnd die Würfelseiten vor. Gemeinsam wird so ein Bezug zur Geschichte hergestellt und bereits jetzt verdeutlicht, was ein „Ganzes" (ein Satz) ist. Im Anschluss an das Basteln werden Sätze gewürfelt und auf ein größeres „Stückchen" (quadratisches Blatt oder DIN-A4-Blatt) geschrieben, welches anschließend an die Tafel gehängt wird.

Zum Abschluss finden sich alle im Stuhlkreis ein. Bevor die Veranstaltung mit einem Ausblick auf die nächste Veranstaltung beendet wird, können die Kinder ihre Ergebnisse präsentieren. In der Gruppe dürfen sie ihre Sätze vorlesen und gemeinsam diskutieren, welche der Sätze so in der Bildergeschichte wieder zu finden sind und welche nicht mit der Geschichte übereinstimmen (◘ Tab. 4.7).

**4**

**◘ Tab. 4.7**    Veranstaltungsablauf „Aus Wörtern werden Sätze"

| | Zeit | Aktivität | Material |
|---|---|---|---|
| | Vor-bereitung | Material auf den Tischen verteilen. Stuhlkreis in der Mitte des Klassenraumes stellen. | Siehe Phase 4 |
| 1 | 5 Min. Begrüßung | Eltern und Kinder werden begrüßt. Es wird das Thema und damit auch der rote Faden der Veranstaltung vorgestellt: „Wir werden uns ganz viel mit Stückchen beschäftigen. Aus Wörter werden Sätze ist das Thema der heutigen Veranstaltung. Sätze bestehen aus Stückchen, das heißt, die Stückchen sind die Wörter. Stückchen sind unser roter Faden heute. Ihr werdet sie im Aufwärmspiel, in einer Geschichte über Pezzetino und in der anschließenden Aufgabe wiederfinden." | |
| 2 | 15–20 Min. Aufwärm-spiel | Aufwärmspiel: „Ein Stückchen erraten" Die Stückchen des Gesamtbildes dienen als Metapher der Veranstaltung. Es liegen neun DIN-A4-Blätter auf dem Boden (siehe Spielanleitung in ▶ Abschn. 5.7 und als Download). Eine freiwillige Person geht mit dem/der Spielleiter/-in nach draußen. Dort wird ihr der Spieltrick erklärt. Alle anderen suchen sich im Klassenraum ein DIN-A4-Blatt aus den neun auf dem Boden liegenden Blättern aus. Ziel ist es, dass die Person drau-ßen das ausgesuchte DIN-A4-Blatt errät. Der/die Spielleiter/-in geht nun wieder in den Raum und fragt, welches DIN-A4-Blatt ausgesucht wurde. Danach holt sie die freiwillige Person in den Raum und fragt sie nach und nach: „Ist das das ausgesuchte Blatt?" Dabei zeigt sie auf eine bestimmte Ecke des Blattes, die als Hinweis darauf dient, welches Blatt tatsäch-lich ausgesucht wurde. | 9 DIN-A4-Blätter 1 Vorzeigeblatt für Drau-ßen, in dem die neun Qua-drate eingezeichnet sind Spielanleitung: „Ein Stück-chen erraten" |
| 3 | 10–15 Min. Geschichte vorlesen | Die Geschichte „Pezzettino" wird vor-gelesen. Die Geschichte kann mit den Kindern und Eltern nacherzählt werden Genauso wie das Aufwärmspiel nimmt auch die Geschichte die Metapher des Stückchens auf. Diesen Zusammenhang zu erkennen, sollte Ziel des Nacherzählens sein. | Geschichte ggf. Präsentationsmedium |

(Fortsetzung)

**☐ Tab. 4.7** (Fortsetzung)

| | Zeit | Aktivität | Material |
|---|---|---|---|
| 4 | 30 Min. Erläuterung der Aufgabe und Arbeitsphase | Aufgabeneinleitung mit Hilfe von zwei vorgefertigten Würfeln:<br>Den Kindern wird anhand der zwei Würfel angedeutet, was ein „Ganzes" ist (ein Satz). Auf dem Boden zerfällt der Satz in seine beiden „Stückchen" (Namenwort, Tuwort; Nomen und Verb). | Aufgabengabenblätter Verben- und Nomen-Würfel-Vordrucke Leere Würfelvordrucke |
| | | Kinder können so Verbindungen zu „Pezzettino" herstellen. | Scheren Stifte Klebstoff |
| | | Nun wird gezeigt, welche weiteren Sätze gebildet werden können. Die Kinder lesen abwechselnd die Würfelseiten vor. Es wird des Weiteren Bezug zur Geschichte hergestellt. Wer ist der Bergsteiger? Das Stückchen, etc.?<br>Aufgabe: Würfel basteln<br>Eltern und Kinder bekommen nun das Bastelmaterial.<br>Erst werden die Würfel gebastelt und dann werden Sätze gewürfelt und auf die DIN-A4-Blätter „große Stückchen" geschrieben. Die „großen Stückchen" werden an die Tafel gehängt. Pro „Stückchen" ein Satz.<br>Experten-/innenaufgabe:<br>Wenn Kinder schnell fertig sind, erhalten sie die Aufgabe, mit den Eltern zusammen an die Tafel zu gehen, alle Sätze nochmals zu lesen und herauszufinden, welche Sätze schon doppelt an der Tafel stehen. Sie können die Sätze an der Tafel auch ordnen.<br>Weitere Experten-/innenaufgaben:<br>Eltern und Kinder können sich des Weiteren einen leeren Würfel erstellen und mit eigenen Verben/Nomen beschriften (Beispiele: Tiere, Familienmitglieder, Freunde). Eltern und Kinder können außerdem die bereits geschriebenen Sätze inhaltlich ergänzen (z. B.: Der Läufer stolpert… über den Baumstamm). | Kreppband DIN-A4-Blätter |
| | | Falls die Aufgabe für einige Kinder zu anspruchsvoll ist, bietet es sich an, dass Eltern und Kinder die Figuren in der Geschichte mit kleinen bunten Quadraten nachlegen. | Kleine bunte zurechtgeschnittene Quadrate |

(Fortsetzung)

**4**

**◘ Tab. 4.7** (Fortsetzung)

| | Zeit | Aktivität | Material |
|---|---|---|---|
| 5 | 15–20 Min. Reflexion und Ergebnissicherung | Alle Eltern und Kinder kommen wieder nach vorne in den Stuhlkreis. Ein ausgewähltes großes „Stückchen" bringen die Kinder mit in den Stuhlkreis. Sie nehmen es gegebenenfalls wieder von der Tafel herunter. Jedes Kind darf einen seiner gewürfelten Sätze (große Stückchen) vorlesen. Alle „großen Stückchen" an der Tafel können reflektiert werden: Wie häufig findet ihr denselben Satz? Findet ihr einen Satz, der nicht in die Geschichte passt? Wenn ja, welchen? Welchen Satz an der Tafel mögt ihr besonders gerne, findet ihr besonders witzig? Warum? So kann Bezug zwischen den Sätzen der Kinder und dem Inhalt der Geschichte hergestellt werden | |
| 6 | 5 Min. Abschluss und Ausblick | Es wird ein Ausblick auf die nächste Veranstaltung gegeben. | |

## 4.8 Malwida: Die Königin der Farben

Ziele

| Eltern | Kinder |
|---|---|
| – Für Lernfortschritte der Kinder sensibilisieren mit besonderem Bezug auf Fantasie und Selbstvertrauen (Recognition) <br> – Standbilder oder kleines Theaterspiel als Interaktionsform gemeinsam erleben (Interaction, Opportunities, Models) | – Textverständnis fördern und den Wortschatz erweitern im Bereich Gefühle, Eigenschaften und Farben <br> – Ideen zur Darstellung einer Farbe beitragen und in eine darstellende Präsentation einbringen |

**Material der Veranstaltung**
- Vorlage: Einladung zur Veranstaltung (Download: ▶ https://link.springer.com/chapter/10.1007/978-3-658-28343-8_4)
- Vorlage: Veranstaltungsablauf (Download: ▶ https://link.springer.com/chapter/10.1007/978-3-658-28343-8_4)
- Das Buch: „Die Königin der Farben" von Jutta Bauer
- Farbsäcke (blau, rot, gelb, grau)

- Liste möglicher realer oder abgebildeter Gegenstände (Download: ▶ https://link. springer.com/chapter/10.1007/978-3-658-28343-8_4, ▶ Kap. 5)
- Klebstoff, Stifte

### ▪ Vorbereitung der Veranstaltung

Eine Woche vor der Veranstaltung sollten die Einladungen an die LIFE-Familien herausgegeben werden. Die für die Veranstaltung benötigten Materialien müssen gedruckt und die Malwida-Plakate sowie das Malwida-Puzzle müssen vorbereitet werden. Als Druckvorlage für die Puzzle und Plakate kann die letzte Seite der Bildergeschichte „Für eigene Versuche" genommen werden. Vor der Veranstaltung müssen Gruppentische vorbereitet werden.

### ▪ Kurzbeschreibung

Zu Veranstaltungsbeginn werden Eltern und Kinder in einem gemeinsamen Stuhlkreis in das Thema eingeführt und ein kurzer Überblick über den Verlauf der Veranstaltung gegeben. Die Veranstaltung „Malwida: Die Königin der Farben" basiert auf dem gleichnamigen Bilderbuch „Die Königin der Farben" von Jutta Bauer. Zum Einstieg in die Veranstaltung puzzeln Kinder mit ihren Eltern gemeinsam ein Malwida-Puzzle. Das Puzzle besteht aus einer Kopie der Malwida-Figur, die zuvor puzzleartig auseinandergeschnitten wird. Der spielerische Einstieg ermöglicht ein erstes Kennenlernen der Hauptfigur des Buches. Malwida-Puzzle können in verschiedenen Schwierigkeitsstufen erstellt werden, sodass Eltern-Kind-Paare auswählen können, ob sie bspw. ein leichtes, mittelschweres oder kompliziertes Puzzle spielen. Im Anschluss wird das Puzzle auf ein ausgeteiltes großes Plakat oder Flipchart geklebt, welches im späteren Verlauf der Veranstaltung weitergenutzt wird. Als Grundlage für das Plakat kann die letzte Seite des Bilderbuches „Für eigene Versuche" genutzt werden.

Anschließend wird die Geschichte „Die Königin der Farben" vorgelesen. Die Akteurin der Bilderbuchgeschichte, Malwida, ist die Königin der Farben. Nacheinander ruft sie in der Geschichte ihre Untertanen, die Farben, zu sich. Erst kommt das Blau, dann das Rot, gefolgt von dem Gelb, bis sich abschließend alle drei Farben zu einem Grau vermischen. Alle von Malwida herbei gerufenen Farben sind verbunden mit bestimmten Emotionen und Eigenschaften. So ist zum Beispiel das Blau sanft und mild, das Rot hingegen wild und gefährlich. Während des Lesens werden die Kinder interaktiv in die Geschichte eingebunden. Sie helfen Malwida beim Rufen der Farben und überlegen immer wieder gemeinsam mit dem/der Veranstaltungsleiter/-in, was sie mit der Farbe verbinden könnten oder welchen Verlauf die Geschichte nehmen könnte.

Mit dem Vorlesen der Geschichte werden passend zum Inhalt vier große Säcke (blau, rot, gelb und grau) in die Mitte des Stuhlkreises gelegt. In den Säcken befinden sich den Farben entsprechende Wort- oder Bildkarten und Gegenstände. Eine Liste möglicher realer oder abgebildeter Gegenständekarten für die entsprechenden Farben befindet sich im Downloadbereich. Jedes Eltern-Kind-Paar ordnet sich einem der Farbsäcke zu. Die nun folgende Aufgabe besteht darin, dass sich die einzelnen Gruppen ein Standbild, eine Bewegung oder ein Minitheaterstück (dies ist je nach Gruppe, Lust und Leistung zu variieren) passend zu ihrer Farbe überlegen sollen. Die Inhalte der Säcke dienen den Gruppen als Ideen für ihr Standbild, ihre Bewegung bzw. ihr Minitheaterstück oder als Requisite. Zur Erläuterung dieser Aufgabe ist es möglich, ein Standbild anhand der Farbe Grün (die nicht im Buch vorkommt) gemeinsam im Plenum zu erarbeiten. Durch gemeinsames Besprechen von Fragen, welche Eigenschaften die Farbe beispielsweise hat oder wie man dies darstellen könnte, erarbeiten Kinder und Eltern so eine konkrete Vorstellung ihrer Aufgabe.

Nach dem Vorstellen der Standbilder/Bewegungen/Minitheaterstücke und der Diskussion über die einzelnen Farben und ihren Eigenschaften, wie sie in der Geschichte beschrieben werden, aber darüber hinaus auch im Alltag und unserer Umgebung zu finden sind, können Eltern-Kind-Paare nun ihr eigenes Malwida-Kunstwerk erstellen. Als Grundlage für das Kunstwerk dient das zu Beginn der Veranstaltung auf dem Plakat geklebte Malwida-Puzzle und die Farben der Geschichte. Kinder und Eltern können die Plakate zu Hause fertig stellen. In der darauffolgenden Veranstaltung oder in der Abschlussveranstaltung eines LIFE-Jahrganges kann eine Ausstellung der Malwida-Plakate organisiert werden (siehe dafür ein Beispiel in der Kurzbeschreibung der Veranstaltung „Rezepte aus alles Welt").

Zum Abschluss der Veranstaltung treffen sich alle im Stuhlkreis wieder, in dem ein Ausblick auf die nächste Veranstaltung gegeben wird (◘ Tab. 4.8).

**◘ Tab. 4.8**    Veranstaltungsablauf „Malwida: Die Königin der Farben"

|   | Zeit | Aktivität | Material |
|---|------|-----------|----------|
|   | Vorbereitung | Einen Stuhlkreis zum Vorlesen der Geschichte aufbauen und die Farbsäcke vorbereiten. Auf Gruppentischen Malwida-Plakate, Buntstifte und Klebstoff verteilen. | Farbsäcke Buntstifte Klebstoff Schloss-Plakate (z. B. Flipchartbögen) |
| 1 | 5 Min. Begrüßung | Das Thema der Veranstaltung wird erläutert und ein kurzer Überblick gegeben, was heute passiert. Die Aufgabenstellung wird vorgestellt. | Malwida-Puzzle |
| 2 | 15 Min. Arbeitsphase 1 | Arbeitsphase 1 Durch die erste Aufgabe erfolgt ein Einstieg in das Thema der Veranstaltung und ein spielerisches Kennenlernen von Malwida. Kinder und Eltern können sich ein Malwida-Puzzle auswählen. Dabei können sie zwischen leichten, mittelschweren und sehr schweren Puzzlen auswählen. „Geht nun zu eurem Tisch und puzzelt das Puzzle. Wenn ihr fertig seid, könnt ihr es auf dieses Plakat (Plakat hochhalten) kleben. Dies ist Grundlage für unsere weitere Arbeit. Ihr habt dafür ca. 15 Minuten Zeit!" | Malwida-Puzzle Schloss-Plakat Klebstoff |

(Fortsetzung)

**⊡ Tab. 4.8** (Fortsetzung)

|  | Zeit | Aktivität | Material |
|---|---|---|---|
| 3 | 10 Min. Geschichte vorlesen | Die Geschichte „Die Königin der Farben" von Jutta Bauer wird vorgelesen. Sie kann mit drei Leserstimmen vorgelesen werden: Vorleser/-in, Malwida, Berater/-in.<br>Wenn eine neue Farbe in der Geschichte eingeführt wird, kann folgendes Erzählritual durchlaufen werden:<br>„Malwida ruft im Buch gleich die Farben. Wollt ihr Malwida helfen?"<br>Malwida ruft die Farbe in der Geschichte.<br>Der Berater hakt ein: „Moment, wisst ihr, was kommt? Wie stellt ihr euch die Farbe vor? Welche Eigenschaften hat sie? Wie fühlt sich die Farbe an? Was macht die Farbe so?"<br>„Sollen wir nun die Farbe noch einmal gemeinsam rufen?"<br>Die Königin ruft mit den Kindern die Farbe.<br>Während die Geschichte vorgelesen wird, werden auf den Tischen oder in der Mitte des Stuhlkreises vier bunte große Säcke (blau, rot, gelb, grau) verteilt, in denen sich Assoziationen zu den verschiedenen Farben befinden.<br>Frage an alle: „Könnt ihr euch vorstellen, was sich in den Säcken befindet?"<br>Aufgabenerläuterung: „Eure Aufgabe ist es, ein Standbild (eine Bewegung oder ein Minitheaterstück) zu eurer Farbe zu erstellen."<br>Hinführung zur Aufgabenstellung: „Wir erklären euch ein Standbild beispielhaft an der Farbe Grün Wie stellt ihr euch die Farbe Grün vor?<br>Welche Eigenschaften hat Sie? Was fällt euch ein, was kennt ihr, was grün ist?"<br>Wie kann die Farbe Grün dargestellt werden? Das Standbild zu der Farbe Grün wird gemeinsam im Plenum entwickelt. | Geschichte Farbsäcke (inkl. Inhalt) |
| 4 | 20 Min. Arbeitsphase 2 | Arbeitsphase 2<br>Erklärung der Aufgabenstellung:<br>„Ihr könnt euch gleich einer Farbe zuordnen. Erstellt ein Standbild (eine Bewegung oder ein Minitheaterstück) zu eurer Farbe.<br>Wie ist eure Farbe? Wofür ist eure Farbe typisch? Ihr könnt die Requisiten und Ideen in den Säcken verwenden, wenn ihr möchtet."<br>Kinder und Eltern bearbeiten Aufgabe 2. Sie können die Aufgabe entweder mit anderen Eltern-Kind-Paaren in Gruppen bearbeiten und zu zweit arbeiten. | s. o. |
| 5 | 10 Min. Reflexion und Ergebnisdarstellung | Alle Gruppen stellen nacheinander das Ergebnis aus Arbeitsphase 2 vor.<br>Das Plenum interpretiert die Darstellung.<br>Die Gruppe erklärt bei Bedarf selbst. |  |

(Fortsetzung)

**4**

**◻ Tab. 4.8**     (Fortsetzung)

| | Zeit | Aktivität | Material |
|---|---|---|---|
| 6 | 20–25 Min.<br>Arbeitsphase 3 | Arbeitsphase 3<br>„Nun wisst ihr alle, was sich in den Säcken befindet und was es mit den Farben auf sich hat. Nehmt nun euer Malwida-Plakat. Ihr könnt es so gestalten, wie ihr wollt. Ob ganz bunt oder einfarbig ist egal. Ihr habt dazu jedoch nur die Farben zur Verfügung, die in der Geschichte vorkommen. In der nächsten Veranstaltung wird es eine Ausstellung geben. Dazu braucht ihr noch einen Titel für euer Bild. Überlegt ihn euch zusammen mit eurer Mutter/ eurem Vater und schreibt ihn mit eurem Namen auf das Bild." | Buntstifte |
| 7 | 5 Min.<br>Abschluss und Ausblick | Hinweis auf die abschließende Ausstellung mit offenem Ende. Malwida-Plakate können mitgenommen und zu Hause fertig gestellt werden. Wichtig: Malwida-Plakate sollen bei der nächsten Veranstaltung mitgebracht werden!<br>Ausblick auf die nächste Veranstaltung geben. | |

## 4.9  Rezepte aus aller Welt

Ziele

| Eltern | Kinder |
|---|---|
| – Potenzial und Vielfalt der Alltäglichkeit von Sprache und Schrift entdecken am Beispiel der Nutzung von Rezepten für die Erstellung der mitgebrachten Speisen und des gemeinsamen Produkts „Das LIFE-Rezeptbuch" (Opportunities)<br>– Potenziell – falls die Veranstaltung mit der Malwida-Veranstaltung verknüpft wird – Würdigung der Arbeitsergebnisse der Kinder (Recognition)<br>– Für Lernfortschritte der Kinder sensibilisieren mit besonderem Bezug auf Lese- und Schreibkompetenzen (Recognition)<br>– Über die Gestaltung des Rezepts gemeinsam verhandeln (Interaction)<br>– Verantwortlichkeiten für die Erstellung des Produkts „Rezept" aushandeln und überwachen (Interaction) | – Textverständnis fördern<br>– Kenntnisse über Textformen vertiefen<br>– Bewusstsein für die praktische Relevanz des Lesens und Schreibens erweitern<br>– Potenziell – falls die Veranstaltung mit der Malwida-Veranstaltung verknüpft wird: Adressatenbezogene Rückmeldungen schreiben und so Handlungsbezug der Schrift erfahren |

**Material der Veranstaltung**
- Vorlage: Einladung zur Veranstaltung (Download: ▶ https://link.springer.com/chapter/10.1007/978-3-658-28343-8_4)

- Vorlage: Veranstaltungsablauf (Download: ▶ https://link.springer.com/chapter/10.1007/978-3-658-28343-8_4)
- Kopiervorlage: Deckblatt Familienrezepte-Buch (Download: ▶ https://link.springer.com/chapter/10.1007/978-3-658-28343-8_4, ▶ Kap. 5)
- Kopiervorlage: Familienrezept (Download: ▶ https://link.springer.com/chapter/10.1007/978-3-658-28343-8_4, ▶ Kap. 5)
- Beispiel: Familienrezepte-Buch (Download: ▶ https://link.springer.com/chapter/10.1007/978-3-658-28343-8_4)
- ggf.: Kreppband oder Magnete zum Anbringen der Malwida-Plakate, Klebezettel
- Schilder für Buffetbeschriftung
- Stifte

### ▪ Vorbereitung der Veranstaltung

Eine Woche vor der Veranstaltung sollten die Einladungen an die LIFE-Familien herausgegeben werden. Die für die Veranstaltung erforderlichen Materialien müssen gedruckt werden. Vor der Veranstaltung werden Gruppentische und ein Buffet vorbereitet. Falls die Malwida-Plakate aus der Malwida-Veranstaltung eingebunden und ausgestellt werden sollen, sollte an das Mitbringen in der Einladung erinnert werden. Falls nicht, muss der entsprechende Passus in der Einladung gestrichen werden.

### ▪ Kurzbeschreibung

In der vorherigen Veranstaltung bietet es sich an, einen konkreten Ausblick auf diese Abschlussveranstaltung zu geben. Falls im Veranstaltungsprogramm die Malwida-Veranstaltung vor der Abschlussveranstaltung stattfindet, können Eltern und Kinder das zu Hause fertig gestellte Malwida-Plakat mitbringen. Des Weiteren sollen Eltern und Kinder sich einen Buffet-Beitrag überlegen. Zu ihrem Buffet-Beitrag sollen sie zur Abschlussveranstaltung des Weiteren eine passende Rezeptvorlage mitbringen. Daraus entsteht in der letzten Veranstaltung ein LIFE-Rezeptbuch.

Vor Veranstaltungsbeginn werden die Tische zusammengestellt. Ein paar Tische können zu einer Tafel zusammengeschoben werden, auf der das Buffet platziert werden kann. Die restlichen Tische werden als Gruppentische gestellt. Dort können Kinder und Eltern gemütlich zusammensitzen, während sie essen oder ihr Rezept gestalten.

Zu Beginn der Veranstaltungen werden Eltern und Kindern die mitgebrachten Speisen und die Malwida-Plakate (optional) abgenommen. Bereits bei Eintreffen werden die Kinder mit ihren Eltern darum gebeten, den Namen der mitgebrachten Speise auf eine Karte zu schreiben und vor das Gericht am Buffet zu stellen. Optional werden die Malwida-Plakate nach Möglichkeit im Flur oder in einem Nebenraum aufgehängt (je nach Anzahl der Plakate auch im selben Raum). Anschließend findet eine gemeinsame Begrüßung im Stuhlkreis statt und der Veranstaltungsablauf wird erklärt. Die Eltern und Kinder können ihre Zeit selbstständig gestalten. Dafür stehen mehrere parallel laufende Aktivitäten zur Auswahl: Buffet, Feier und lockeres Beisammensitzen, Rezeptgestaltung und evtl. Museumsrundgang mit den Malwida-Plakaten. Während der gesamten Veranstaltungszeit können sich Eltern und Kinder am mitgebrachten Buffet bedienen.

**4**

Falls die Abschlussveranstaltung mit der Malwida-Veranstaltung verknüpft wird, haben Eltern und Kinder die Möglichkeit, die mitgebrachten Malwida-Plakate anzuschauen. Für den Museumsrundgang werden kleine Klebezettel ausgelegt. Auf diesen Klebezetteln können Eltern und Kinder Kommentare zu den Malwida-Plakaten notieren und diese direkt auf die Plakate kleben. So erhalten am Ende alle Kinder neben dem erstellten Bild eine positive Rückmeldung zu ihrem Malwida-Plakat. Mit Eltern und Kindern sollte zuvor gemeinsam thematisiert werden, welcher Art die Kommentare sein sollten. Wünschenswerter Weise sollten positive, ermunternde und wertschätzende Kommentare geschrieben werden.

Des Weiteren sollen die Kinder gemeinsam mit den Eltern ein Rezept zu ihrem mitgebrachten Gericht erstellen. Dafür liegen Vorlagen und Stifte aus. Das Rezept soll auf die Vorlage abgeschrieben und anschließend verziert werden. Wer ein fertiges Rezept mitgebracht hat, kann es auch ausschneiden, aufkleben und anschließend verzieren. Um den Kindern zu verdeutlichen, was am Ende das Ergebnis ihrer Rezepte ist, wird im Stuhlkreis beschrieben, wie aus den einzelnen Rezepten später ein Rezeptbuch entstehen soll. Dieses erhalten die Kinder und Eltern nachträglich als Abschlussgeschenk des LIFE-Programms.

Zum Ende der Veranstaltung treffen sich alle erneut im Stuhlkreis und jede/-r darf erzählen, welches der mitgebrachten Gerichte ihm besonders gefallen hat. Es besteht auch die Möglichkeit, alle Rezepte im Stuhlkreis zu sammeln und zu besprechen oder die Veranstaltungen des gesamten LIFE-Programms zu evaluieren. Abschließend werden Kinder und Eltern verabschiedet und ein schönes und erfolgreiches Restschuljahr gewünscht. Auch werden die Kinder und Eltern gegebenenfalls daran erinnert, die Malwida-Plakate mit nach Hause zu nehmen.

Im Nachgang der Veranstaltung werden mit den erstellten Rezepten Rezeptbücher erstellt, die den Kindern anschließend übergeben werden. Dafür gibt es natürlich verschiedene denkbare Vorgehensweisen, die jeder nach seinem Belieben entscheiden muss (◘ Tab. 4.9).

**◘ Tab. 4.9**    Veranstaltungsablauf „Rezepte aus aller Welt"

|   | Zeit | Aktivität | Material |
|---|------|-----------|----------|
|   | Vorbereitung | Eine Buffettafel und Gruppentische aufbauen. | |
| 1 | 5 Min. Begrüßung und Einstieg 1 | Eltern und Kinder werden empfangen. Die mitgebrachten Beiträge fürs Buffet werden angenommen und mit einem entsprechenden Schild versehen. Eltern und Kinder schreiben die Beschriftung ihrer mitgebrachten Speisen selbst auf eine Karte. Die Malwida-Plakate werden angenommen und für die Ausstellung ausgehängt (optional). | Kreppband oder Magnete für die Malwida-Plakate Karten für die Beschriftung der Gerichte am Buffet |

(Fortsetzung)

**□ Tab. 4.9** (Fortsetzung)

| | Zeit | Aktivität | Material |
|---|---|---|---|
| 2 | 10 Min. Begrüßung und Einstieg 2 | Sobald alle Kinder und Eltern angekommen sind, erfolgt eine gemeinsame Begrüßung und Eröffnung der Veranstaltung im Stuhlkreis. Dabei werden die verschiedenen Aktivitäten, die Kinder und Eltern während der letzten Veranstaltung unternehmen können, erklärt: Erstellung eines zum Buffet passenden Rezeptbuches mithilfe der Rezeptvorlagen erläutern. Optional: Mögliche Betrachtung der Malwida-Ausstellung mit positiver Kommentierung auf Klebezetteln erläutern. Das Buffet ist die ganze Zeit offen. Jedes Kind erklärt kurz, was es mit seiner Mutter/seinem Vater mitgebracht hat. Hinweis auf den Abschluss: Zum Ende der Veranstaltung sammeln sich alle noch einmal im Stuhlkreis. Dann werden sämtliche Rezepte vorgestellt und erklärt, wie daraus ein Rezeptbuch entsteht. | Vorlagen für die Rezepte Klebezettel Stifte |
| 3 | 45–50 Min. Feier-Arbeitsphase | Buffetbetrieb Nettes Beisammensein und Zeit für lockere Unterhaltungen Museumsrundgang mit Malwida-Plakaten Rezepte schreiben und gestalten | s. o. |
| 4 | 15 Min. Ergebnissicherung und Abschluss | Zunächst erfolgt im Stuhlkreis die Vorstellung der ausgelegten Rezepte. Dabei wird ein Hinweis darauf gegeben, dass daraus ein LIFE-Rezeptbuch erstellt wird. Alle Teilnehmenden erhalten dieses Rezeptbuch am Ende des ersten Schuljahres über die Klassenlehrkraft. Optional: Des Weiteren können die Kinder zu ihren Malwida-Plakaten gehen, sich einen der am Plakat klebenden Kommentare aussuchen und diesen vorlesen. Es wird ein Hinweis darauf geben, dass die Malwida-Plakate mit Kommentaren wieder mitgenommen werden können. Abschließend erfolgt ein kurzer Rückblick auf das gesamte LIFE-Jahr und eine feierliche Verabschiedung der Kinder und Eltern. | s. o. |

**4**

## Literatur

Brezing, H., Maisenbacher, D., Renk, G. J., Rinderle, B., & Wehrle, M. (2018). *FRESCH – Freiburger Recht-schreibschule. Grundlagen, Diagnosen, LRS-Förderung in der Schule*. Hamburg: AOL.

Gutwein, A. (2007). *kigatreff. Mitmachgeschichten*. Norderstedt: Books on Demand GmbH.

# Materialsammlung

© Springer Fachmedien Wiesbaden GmbH, ein Teil von Springer Nature 2020
S. Bonanati et al., *Lesekompetenz fördern*, https://doi.org/10.1007/978-3-658-28343-8_5

Bei Kap. 5 handelt es sich um die Materialsammlung. Passend zu jeder Veranstaltung des Family Literacy-Programms „LIFE – Lesen in Familie erleben" findet sich hier das Material, das für die Durchführung der neun Veranstaltungen erstellt wurde, als Kopiervorlage.

## 5.1 Das Löwen-Memory

- **Tierkarten passend zur Geschichte**

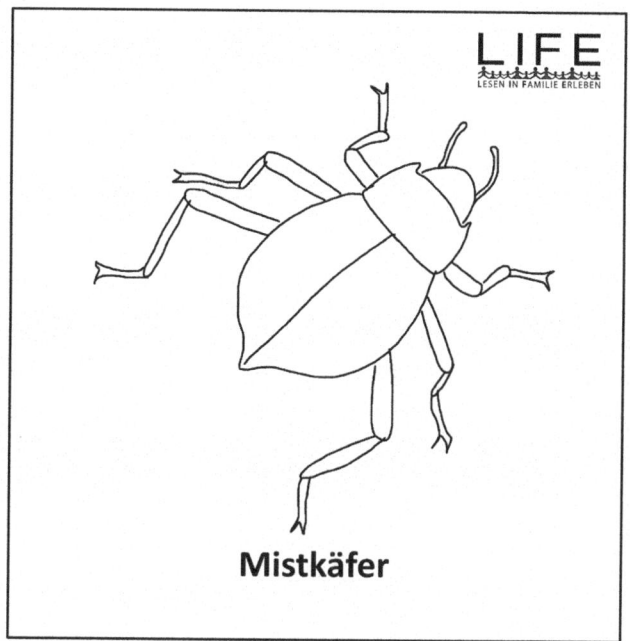

**Mistkäfer**

**Krokodil**

**5**

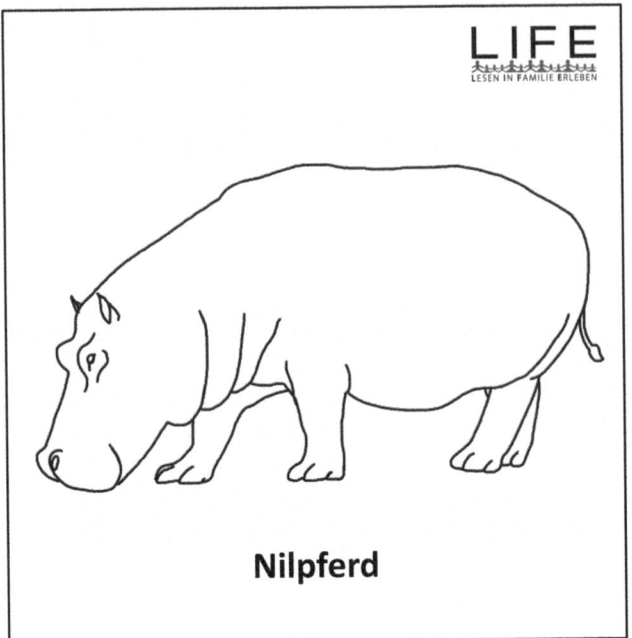

**Nilpferd**

**Affe**

## Memory-Bastel-Set

**5**

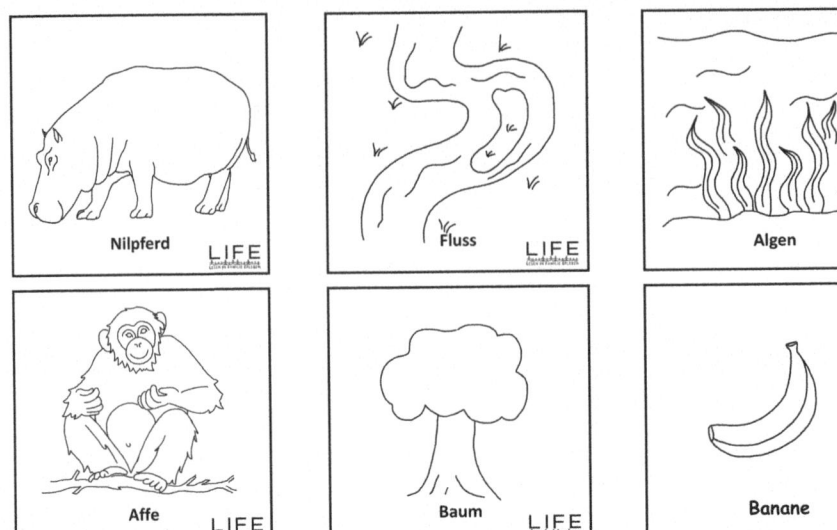

- **Memory-Spielregeln**

Das Löwen-Memory besteht aus 18 Spielkarten. Welche Paare bzw. Trios zusammengehören, findest du auf der Lösungskarte. Ein Memory spielst du mit mindestens zwei Personen. Suche dir einen Spielpartner und lege die achtzehn Spielkarten verdeckt auf den Tisch. Jeder Spieler darf nun drei Karten ziehen. Wenn du ein Trio gefunden hast, kannst du es behalten. Ansonsten zeige die Karten deinem Mitspieler und lege sie wieder verdeckt auf den Tisch. Der Spieler mit den meisten Trios hat gewonnen.

> **Tipp**
>
> Wenn du nicht mehr genau weißt, welche Karten zusammengehören, suche die passende Stelle in der Geschichte (Der Löwe, der nicht schreiben konnte) oder in den Tierbriefen. Schaue erst zuletzt in die Lösungskarte.

Lösungskarte – Löwen-Memory

| Nilpferd | Mistkäfer | Krokodil | Geier | Löwe | Affe |
|---|---|---|---|---|---|
| | | | | | |
| | | | | | |
| | | | | | |

## 5.2  Laute und Silben

- Fruchtsortenkarten für das Obstsalat-Spiel

- Silbenbogen-Karten

**5**

- **Wort-Bild-Karten (Beispiel)**

- **Flipcharts für die Elternzeit**

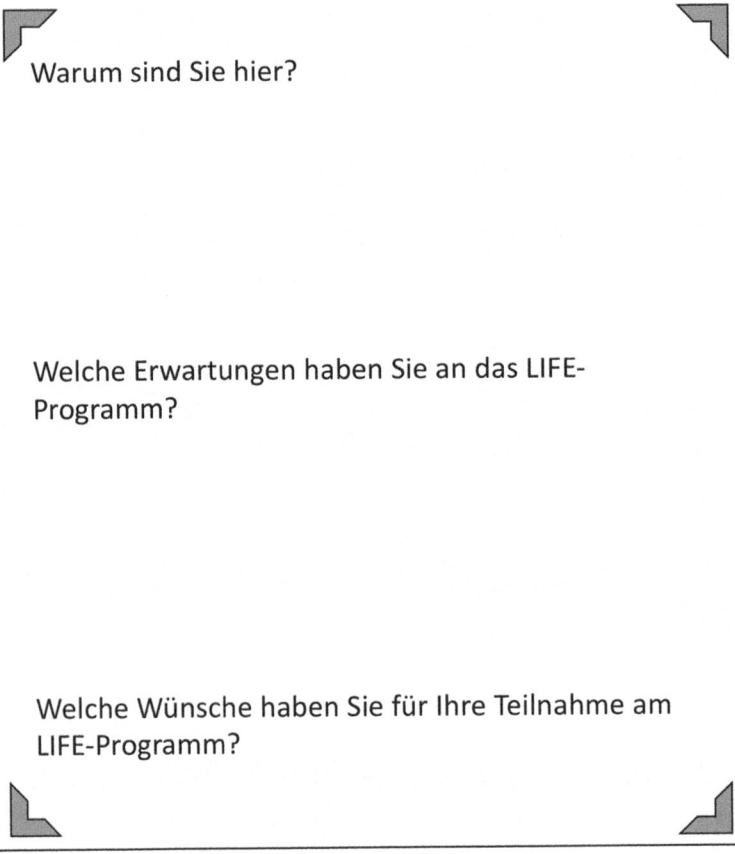

# Laute und Silben - Silbentrennung

| Geburtstag | Städte | Hitze | Karomuster |
|---|---|---|---|
| Ge – burts – tag | Stä – dte | Hi – tze | Ka – ro – mus – ster |
| Ge – burt – stag | Städt – e | Hit – ze | Kar – om – ust – er |
| Ge – bur - tstag | Städ – te | Hitz – e | Ka – ro – mus – ter |

| Richtungswechsel | Zuckerkuchen | kommen |
|---|---|---|
| Rich – tungs – wech – sel | Zu – cker – ku – chen | ko – mmen |
| Ri – chtungs – wech – sel | Zu – cker – kuch – en | kom – men |
| Rich – tungs – we – chsel | Zuc – ker – ku – chen | komm – en |

 Ich bin mir sicher      Ich glaube…

5

Wo können Laute und Silben im Alltag gefunden werden? Welche Spiele fallen Ihnen dazu ein?

(Die Bilder dienen Ihnen zur Inspiration für mögliche Alltagssituationen)

■ **Karten zu Alltagssituationen mit dem Kind**

**5**

## 5.3  Die Weihnachtsveranstaltung

- **Bastelanleitungen**

**Sternengirlande**

An dieser Station kannst du eine Sternen-Girlande basteln, um euer Zuhause weihnachtlich schmücken zu können.

- **So funktioniert es**

1. Schneide einen langen, breiten Papierstreifen ab.

**5**

2. Falte das Papier wie ein Akkordeon, um ein Rechteck zu erhalten. Mache die Knicke so glatt wie möglich.

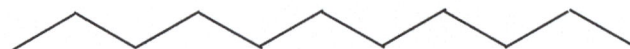

3. Male mithilfe der Sternenschablone den Stern auf das oberste Blatt des Akkordeons. Dabei können die äußeren Sternenspitzen ruhig ein wenig über den Rand gehen.

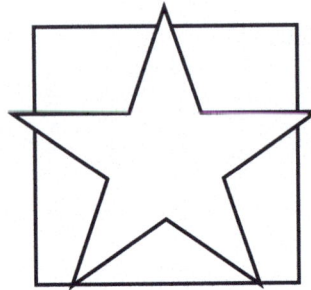

🛑 **ACHTUNG**
**Achte unbedingt darauf, dass die Spitzen des Sterns die Kante des Papierstreifens berühren, denn sonst hast du nachher ganz viele einzelne Sterne.**

4. Schneide die Figur vorsichtig aus. **Schneide nicht dort, wo die Sternenspitzen die Kante berühren (Kreuze)!**

5. Nun kannst du die Girlande auseinanderfalten und aufhängen!

■ **Tannenbaum**

An dieser Station kannst du einen Tannenbaum basteln, den du zu Hause aufhängen kannst.

So funktioniert es:
1. Lege ein grünes Blatt oder Pappe vor dich. Falte es einmal auf die Hälfte.
2. Zeichne nun zwei Tannenbäume auf das Papier. Achte darauf, dass beide Bäume möglichst gleich aussehen und schneide sie anschließend aus. Du kannst die Tannenbäume unten auf dem Arbeitsblatt ausscheiden und als Schablone verwenden.

3. Schneide einen Tannenbaum von unten bis zur Hälfte und den anderen Tannenbaum von oben bis zur Hälfte ein (siehe Schablone).

4. Bevor du die Tannenbäume ineinandersteckst, kannst du sie nach Belieben verzieren.

5. Nun kannst du in die Tannenbaumspitze ein kleines Loch machen und einen Faden durchziehen.

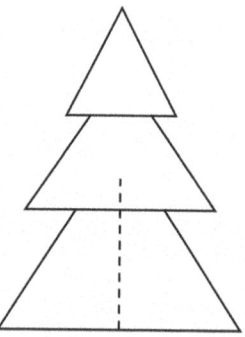 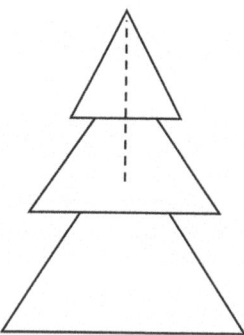

## ▪ Weihnachtspunsch

### Einkaufsliste: Das braucht ihr für 8 Portionen

4 Beutel Früchtetee
1 L Wasser
2 EL Honig
1 L Multivitaminsaft aus roten Früchten
Saft von einer Bio-Orange
Saft von einer Bio-Zitrone

### Gewürze

Anis, Zimt, Nelken
Wenn ihr keinen roten Multivitaminsaft findet, könnt ihr auch Kirschsaft nehmen.

### Bevor es los geht

Am besten stellst du dir alle Zutaten abgewogen bereit. Wenn du nicht weiterweißt oder dir etwas zu schwierig vorkommt, bitte einfach deine Eltern um Hilfe. Das Wasser für den Tee kochst du am besten in einem Wasserkocher auf. Du brauchst außerdem einen großen Topf, um die Zutaten zusammenzurühren. Folgendes wird auch sehr nützlich sein: Ein Messer, ein kleines Schneidebrett, ein Esslöffel sowie ein großer Löffel zum Umrühren.

### So wird's gemacht

1. Bereite den Früchtetee mit dem Wasser nach der Packungsanleitung zu.
2. Vermische den Tee mit dem Honig, den Säften und den Gewürzen.
3. Jetzt kannst du den Topf mit dem Punsch auf den Herd stellen und ihn erhitzen.

4. Den fertigen Punsch trinkst du am besten aus weihnachtlichen Tassen – so schmeckt er am besten!
5. Zum Schluss noch ein Experten-Tipp: Noch besser schmeckt der Punsch, wenn du ihn mit Freunden und Familie teilst.

### Honigkuchen-Anhänger

Lebkuchen und Honigkuchen gehören einfach zu Weihnachten dazu. Sie sind ganz einfach selber zu machen und besonders gut zum Verzieren und Schmücken geeignet.

**5**

| Zutaten | Zubereitung |
|---|---|
| **Für den Teig**<br>250 g milder flüssiger Honig (z. B. Akazienhonig)<br>200 g Zucker<br>60 g Butterschmalz<br>60 g Orangeat<br>60 g Zitronat<br>10 g Hirschhornsalz<br>600 g Mehl (Type 550)<br>1 ½ TL Lebkuchengewürz<br>4 EL Kakaopulver<br>1 Prise Salz<br>evtl. etwas Milch<br>Mehl zum Ausrollen<br>2 ½ EL Milch zum Bestreichen | **Für den Teig**<br>Honig, Zucker und Butterschmalz in einem Topf erhitzen und rühren, bis der Zucker geschmolzen ist. Orangeat und Zitronat im Blitzhacker fein hacken. Hirschhornsalz und 3 EL Wasser verrühren. Mehl, Lebkuchengewürz, Kakao, Salz, Orangeat und Zitronat mischen. Aufgelöstes Hirschhornsalz und die abgekühlte Zuckermischung dazugeben. Alles zunächst mit den Knethaken des Handrührgerätes, dann mit den Händen verkneten. Wenn der Teig zu fest ist, noch etwas Milch unterkneten. Teig abgedeckt über Nacht stehen lassen.<br>Den Backofen auf 170 Grad, Umluft 150 Grad, Gas Stufe 2–3 vorheizen. Teig nochmals mit den Händen kurz kneten und in Portionen auf wenig Mehl 3–4 mm dick ausrollen. Mit Plätzchenausstechern (z. B. Eiskristall, Ø 20 cm, oder Elch; siehe auch Tipp unten) ausstechen und auf mit Backpapier ausgelegte Bleche legen. Die Figuren dünn mit Milch bestreichen. Im Ofen gut 10–15 Minuten backen. Abkühlen lassen. |
| **Für die Verzierung**<br>250 g Puderzucker<br>Speisefarbe<br>Belegkirschen<br>Rosinen<br>Nüsse | **Für die Verzierung**<br>Puderzucker und 2–3 EL Wasser zu einem sehr dicken Guss verrühren. Eine kleine Portion davon mit roter, blauer oder gelber Speisefarbe einfärben. Weißen und farbigen Guss je in einen Einwegspritzbeutel (Gefrierbeutel) füllen. Vom Beutel mit dem Guss die Spitze abschneiden. Je nach Lust und Laune verzieren.<br>Die Honigkuchen-Anhänger halten sich etwa 4 Wochen.<br>Wird der rohe Teig mit Milch bestrichen, bekommt er beim Backen einen besonders schönen Glanz. Der weiße Guss muss sehr fest und nur gerade noch spritzfähig sein, dann werden die feinen Konturen besonders schön und exakt. |

# 5.4 Buchstaben vom Winde verweht

- **Aufgabenzettel**

**Aufgabe 1: Buchstabenschatzsuche**

Hier unten seht ihr die heruntergewehten Blätter. Eure Aufgabe ist es nun, sie wieder mit Buchstaben zu füllen. Ihr habt nun 20 Minuten Zeit mit eurer Mutter/eurem Vater loszuziehen und Buchstaben zu suchen. Sucht an allen möglichen Orten auf dem Schulgelände.

— Wo könnt ihr Buchstaben finden?

— Schreibt auf der einen Seite des Blattes einen Buchstaben auf und auf der anderen Seite das Wort, in dem ihr den Buchstaben gefunden habt. Dabei können euch eure Mutter/euer Vater helfen.

> **Tipp**
>
> Sucht auch an ganz ungewöhnlich Orten wie z. B. der Toilette nach Buchstaben: Was könnt ihr dort entdecken?

- **Aufgabe 2: Blätterscrabble**

Nehmt nun zusammen mit eurer Mama/eurem Papa eure Buchstaben wieder vom Baum und geht an einen der Tische. Dort warten auf euch große Blätter.

— Legt mit euren selbst gefundenen Buchstaben nun so viele Wörter wie möglich.

— Schreibt sie zusammen mit eurer Mutter/eurem Vater auf das große Blatt, damit ihr sie nicht vergesst.

— Eure Wörter können Fantasiewörter oder richtige Wörter sein.

> **Tipp**
>
> Wenn euch ein Buchstabe für ein Wort fehlt, geht noch einmal auf Buchstabensuche!

- **Bastelvorlage für kleine und große Buchstaben- und Wortblätter**

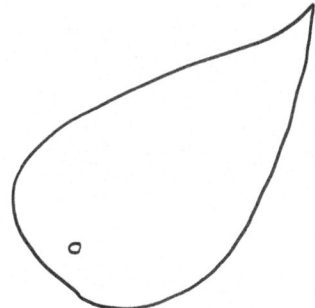

## 5.5  Vorlesen und Vorlesen-Lassen

▪ **Moderationsanleitung für die Stationen**

| Station | Moderationsanleitung |
|---|---|
| 1. Vorlesen mit Bewegung | Die Bewegungsgeschichte „Hoppel und Poppel" ist bereits ein Beispiel für das Vorlesen mit Bewegung. Bei Bewegungsgeschichten handelt es sich um Geschichten, die jemanden dazu auffordern, Bewegung nachzuahmen und aktiv mitzumachen. Man muss ganz genau hinhören, um zu verstehen, was man machen soll oder gemeinsam überlegen, wie man sich passend zur Geschichte bewegt. |
| 2. Vorlesetipps | An dieser Station erhalten insbesondere die Eltern hilfreiche Tipps rund um das Vorlesen. Des Weiteren werden hier Fragen und Anregungen diskutiert. Parallel können die Kinder einer vorgelesenen Geschichte zuhören. Es gibt zahlreiche hilfreiche Anregungen in Form von Handouts an dieser Station, die sich jede Mutter/jeder Vater mit nach Hause nehmen kann. |
| 3. Fragen beim Vorlesen | An dieser Station finden Eltern und Kinder verschiedene Geschichten zum Vorlesen. Passend zu den Geschichten liegen verschiedene Arbeitsblätter mit möglichen Fragen zur Geschichte bereit, um über den Text hinaus ins Reden zu kommen. |
| 4. Bunte Lesewelt | Hier wird es kreativ. Passend zur Geschichte „Seine eigene Farbe" von Leo Lionni könnt ihr die Hauptfigur, das Chamäleon, auf verschiedene Art gestalten. |
| 5. Reime und Gedichte | An dieser Station könnt ihr zwischen verschiedenen Reimen, Gedichten und Rätseln auswählen. Sie sollen euch dazu animieren, selbst weiter zu reimen. Dazu könnt ihr zwischen verschiedenen Arbeitsblättern unterschiedlichen Schwierigkeitsgrades wählen. |

▪ **Stempelstern**

## 5.6  Hannes ohne Brille

- Tierkarten

**Hartmut, die Schnecke**

**das Eichhörnchen**

**die Eule**

**5**

## Luise, die Maus

## Max, der Hase

## Hannes, der Maulwurf

# Cornelius, der Rabe

■ Sinneskarten

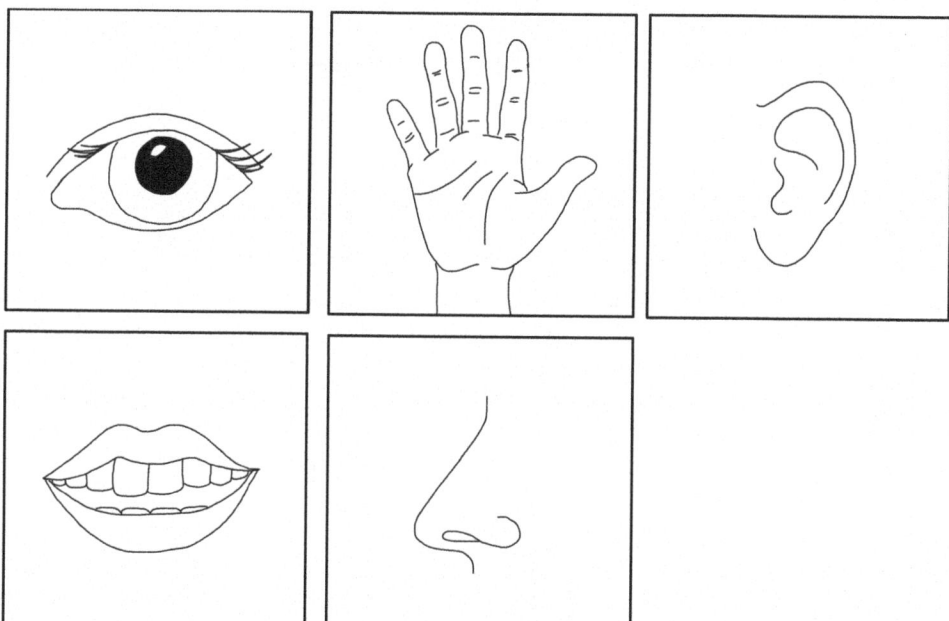

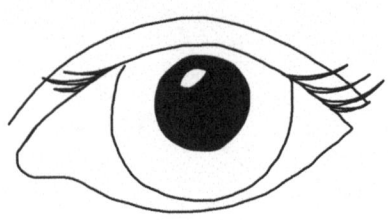

**sehen**

**5**

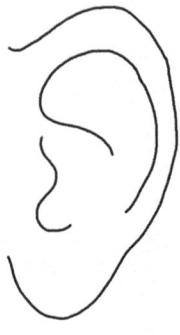

**hören**

**riechen**

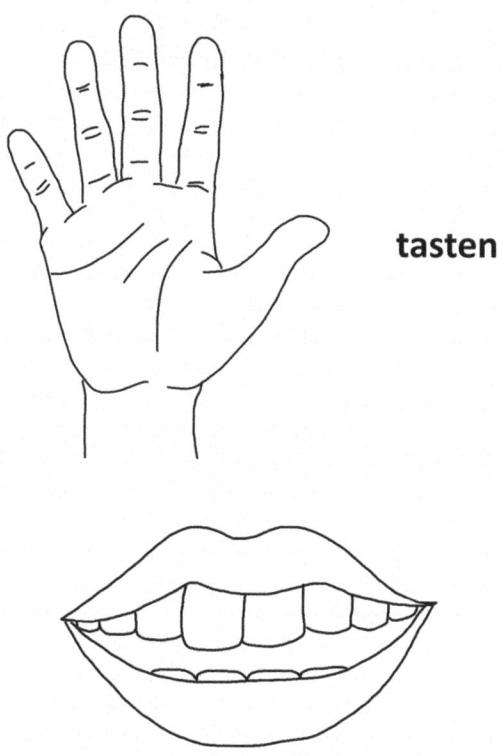

**tasten**

**schmecken**

■ **Aufgabenkarten**
**Aufgabe: Riechen**

Wie **riecht** es im Wald?
Das Eichhörnchen erzählt in der Geschichte, wie der Wald riecht.

1. Lest euch Seite sieben in der Geschichte noch einmal durch. Ihr habt folgende Möglichkeiten zum Vorlesen. Sucht euch eine davon aus.

| Variante 1 | |
| --- | --- |
| Mutter oder Vater lesen vor. | Das Kind hört zu. |
| **Variante 2** | |
| Das Kind liest vor. | Mutter oder Vater hört zu. |
| **Variante 3** | |
| Ihr wechselt euch beim Vorlesen ab: „Erst du ein Stück, dann ich ein Stück". | |

2. Geht auf Entdeckungsreise: Sammelt draußen auf dem Schulhof Material für eure Sinneskiste. Euer Thema ist das Riechen.
3. Bastelt mithilfe eures Materials die Sinneskiste zum Thema: Wie riecht es im Wald?

■ **Aufgabe: Hören**

Welche Geräusche **hört** man im Wald?
Der Hase Max beschreibt in der Geschichte, wie es sich im Wald **anhört.**

1. Lest euch Seite fünf in der Geschichte noch einmal durch. Ihr habt folgende Möglichkeiten zum Vorlesen. Sucht euch eine davon aus.

| Variante 1 | |
| --- | --- |
| Mutter oder Vater lesen vor. | Das Kind hört zu. |
| **Variante 2** | |
| Das Kind liest vor. | Mutter oder Vater hört zu. |
| **Variante 3** | |
| Ihr wechselt euch beim Vorlesen ab: „Erst du ein Stück, dann ich ein Stück". | |

2. Geht auf Entdeckungsreise: Sammelt draußen auf dem Schulhof Material für eure Sinneskiste. Euer Thema ist das Hören.
3. Bastelt mithilfe eures Materials die Sinneskiste zum Thema: Welche Geräusche hört man im Wald?

- **Aufgabe: Sehen**

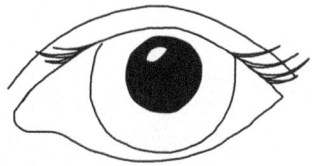

Wie **sieht** der Wald von oben und von unten **aus?**
Die Schnecke Hartmut und die Eule beschreiben in der Geschichte, wie der Wald von oben und von unten **aussieht.**

1. Lest euch Seite acht in der Geschichte noch einmal durch. Ihr habt folgende Möglichkeiten zum Vorlesen. Sucht euch eine davon aus.

| Variante 1 | |
|---|---|
| Mutter oder Vater lesen vor. | Das Kind hört zu. |
| **Variante 2** | |
| Das Kind liest vor. | Mutter oder Vater hört zu. |
| **Variante 3** | |
| Ihr wechselt euch beim Vorlesen ab: „Erst du ein Stück, dann ich ein Stück". | |

2. Geht auf Entdeckungsreise: Sammelt draußen auf dem Schulhof Material für eure Sinneskiste. Euer Thema ist das Sehen.
3. Bastelt mithilfe eures Materials die Sinneskiste zum Thema: Wie sieht der Wald von oben und von unten aus?

- **Aufgabe: Tasten**

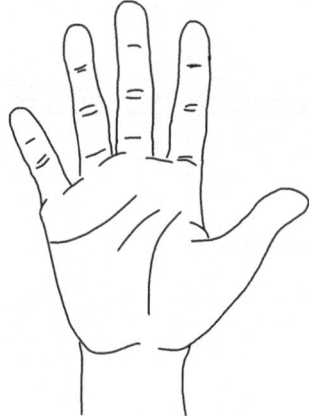

Wie **fühlt** sich der Waldboden **an?**
Die Maus Luise erzählt in der Geschichte, wie sich der Waldboden **anfühlt.**
1. Lest euch Seite sechs in der Geschichte noch einmal durch.
   Ihr habt folgende Möglichkeiten zum Vorlesen. Sucht euch eine
   davon aus.

| Variante 1 | |
| --- | --- |
| Mutter oder Vater lesen vor. | Das Kind hört zu. |
| **Variante 2** | |
| Das Kind liest vor. | Mutter oder Vater hört zu. |
| **Variante 3** | |
| Ihr wechselt euch beim Vorlesen ab: „Erst du ein Stück, dann ich ein Stück". | |

2. Geht auf Entdeckungsreise. Sammelt draußen auf dem Schulhof Material für eure
   Sinneskiste. Euer Thema ist das Fühlen/Tasten.
3. Bastelt mithilfe eures Materials die Sinneskiste zum Thema: Wie fühlt sich der
   Waldboden an?

## 5.7  Aus Wörtern werden Sätze

- Spielanleitung „Ein Stücken erraten"

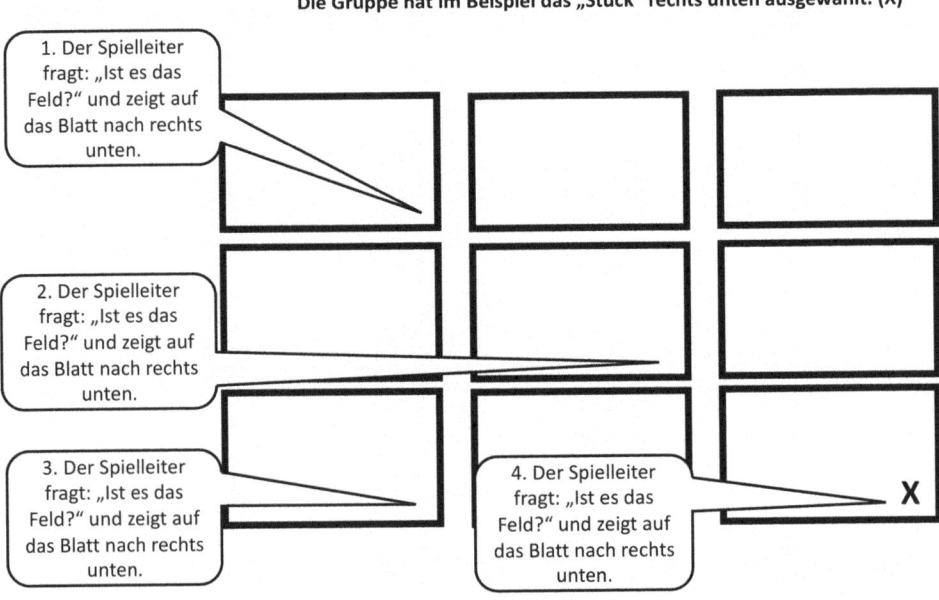

Die Gruppe hat im Beispiel das „Stück" rechts unten ausgewählt. (X)

Ein freiwilliges Kind verlässt gemeinsam mit dem Spielleiter/der Spielleiterin den Raum, während sich alle anderen im Raum um ein vorbereitetes Quadrat sammeln. Dieses Quadrat besteht aus neun kleinen Quadraten. Die Kinder im Klassenraum suchen sich gemeinsam eines dieser Quadrate (im Beispiel das mit X gekennzeichnete Feld) aus, welches das andere Kind erraten muss. Außerhalb des Klassenraums wird dem Kind der Spieltrick erklärt. Sobald die Kinder sich für ein Quadrat entschieden haben, kommt das Kind zurück in den Klassenraum.

Der zweite Spielleiter, welcher sich die ganze Zeit im Raum befunden hat, zeigt nun auf mögliche Quadrate und fragt: „Ist das das ausgesuchte Quadrat?". Die Art des Zeigens auf die Quadrate ist dabei der Hinweis für das ratende Kind. Der Spielleiter zeigt auf der Quadratfläche immer an die Stelle, an der sich das von den Kindern ausgewählte Quadrat befindet. Haben sich die Kinder beispielsweise das Quadrat links unten ausgesucht, zeigt der Spielleiter bei jedem Quadrat immer auf die untere linke Ecke. Anhand dieses Spieltricks ist es dem Kind möglich, dass ausgewählte Quadrat zu erraten, ohne bei der Besprechung vorher im Raum gewesen zu sein.

- **Aufgabenblätter für die Eltern-Kind-Aktivität**

**Aufgabe 1: Wir basteln Pezzettino!**

Geht nun mit eurer Mutter/eurem Vater an die Tische. Dort liegen blaue und rote Würfel-Bastelvorlagen.

**Bastelanleitung**

1. Schneidet den Würfel an der durchgezogenen Linie aus.
2. Knickt die Ecken des Würfels an der gestrichelten Linie nach innen.
3. Klebt die Ecken zusammen, sodass ein Würfel entsteht.

**Aufgabe 2: Aus Wörtern werden Sätze**

Nun kann das Würfeln losgehen!

1. Würfelt zuerst mit einem und dann mit dem anderen Würfel. Welches ist die richtige Reihenfolge?
2. Welcher Satz kommt raus?
3. Schreibt den Satz auf ein großes Stückchen und klebt dieses an die Tafel!

- **Nomen-Würfel**

**5**

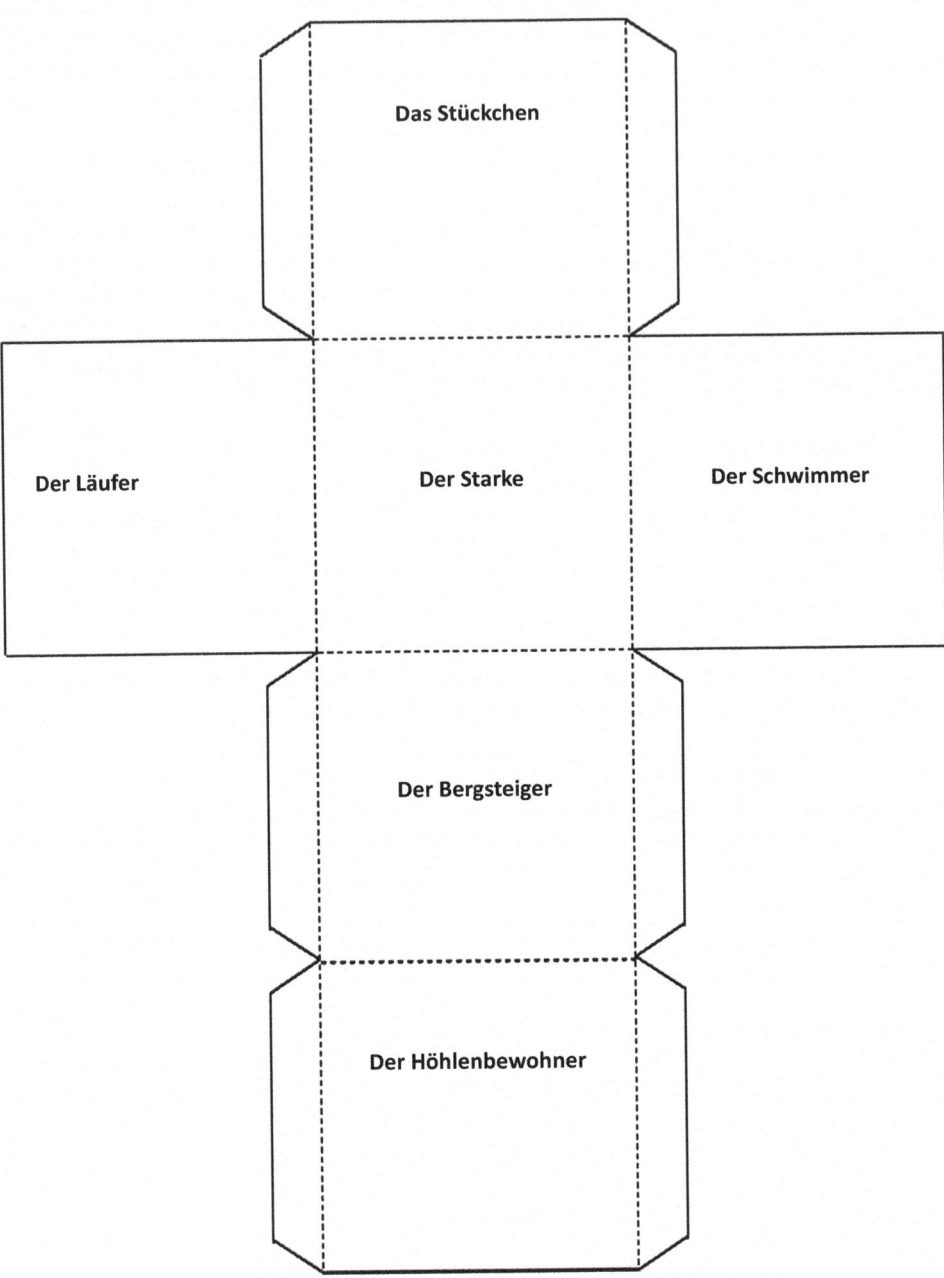

Das Stückchen

Der Läufer

Der Starke

Der Schwimmer

Der Bergsteiger

Der Höhlenbewohner

- **Verben-Würfel**

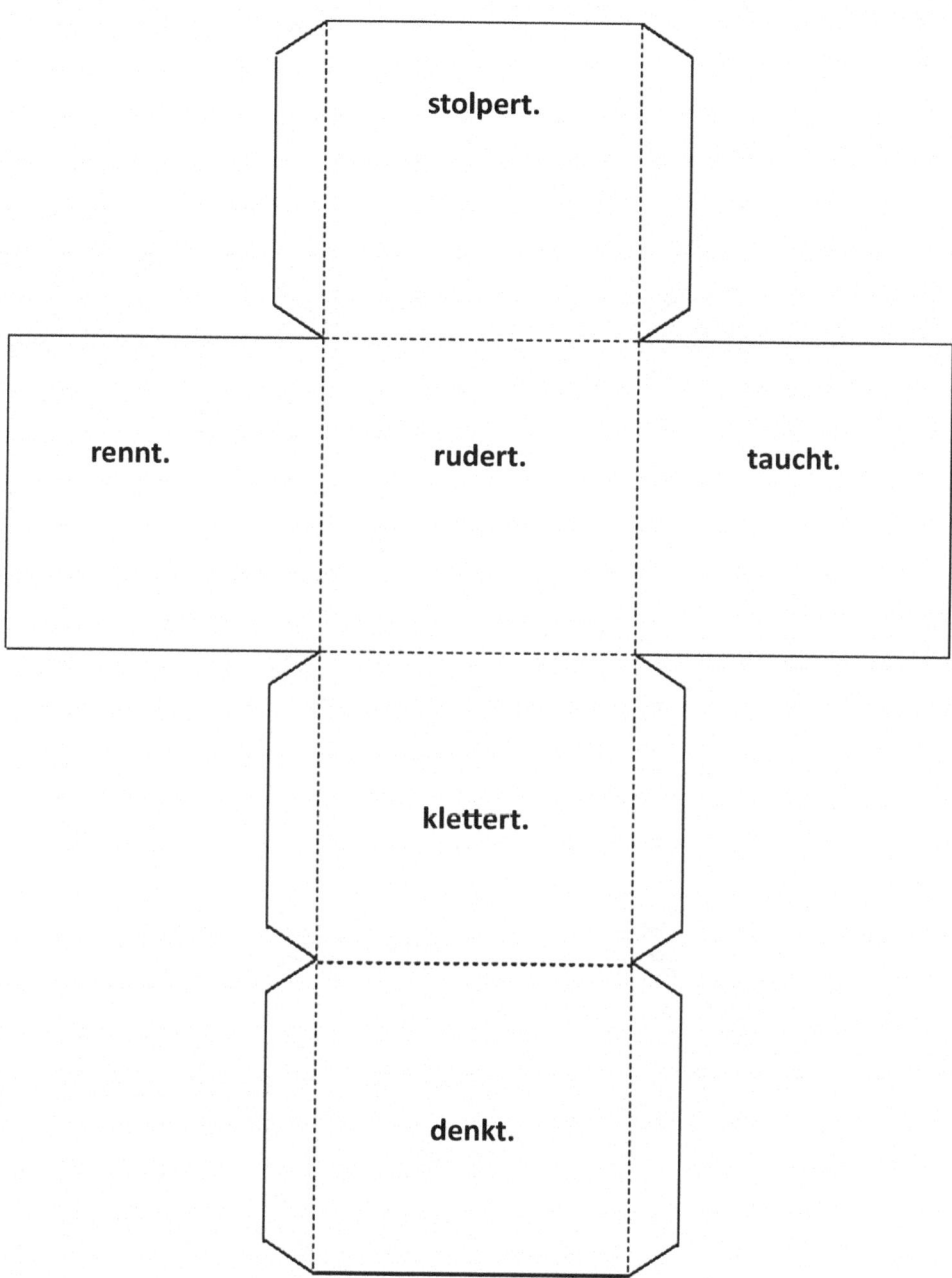

stolpert.

rennt.     rudert.     taucht.

klettert.

denkt.

- **Leeres Würfelnetz**

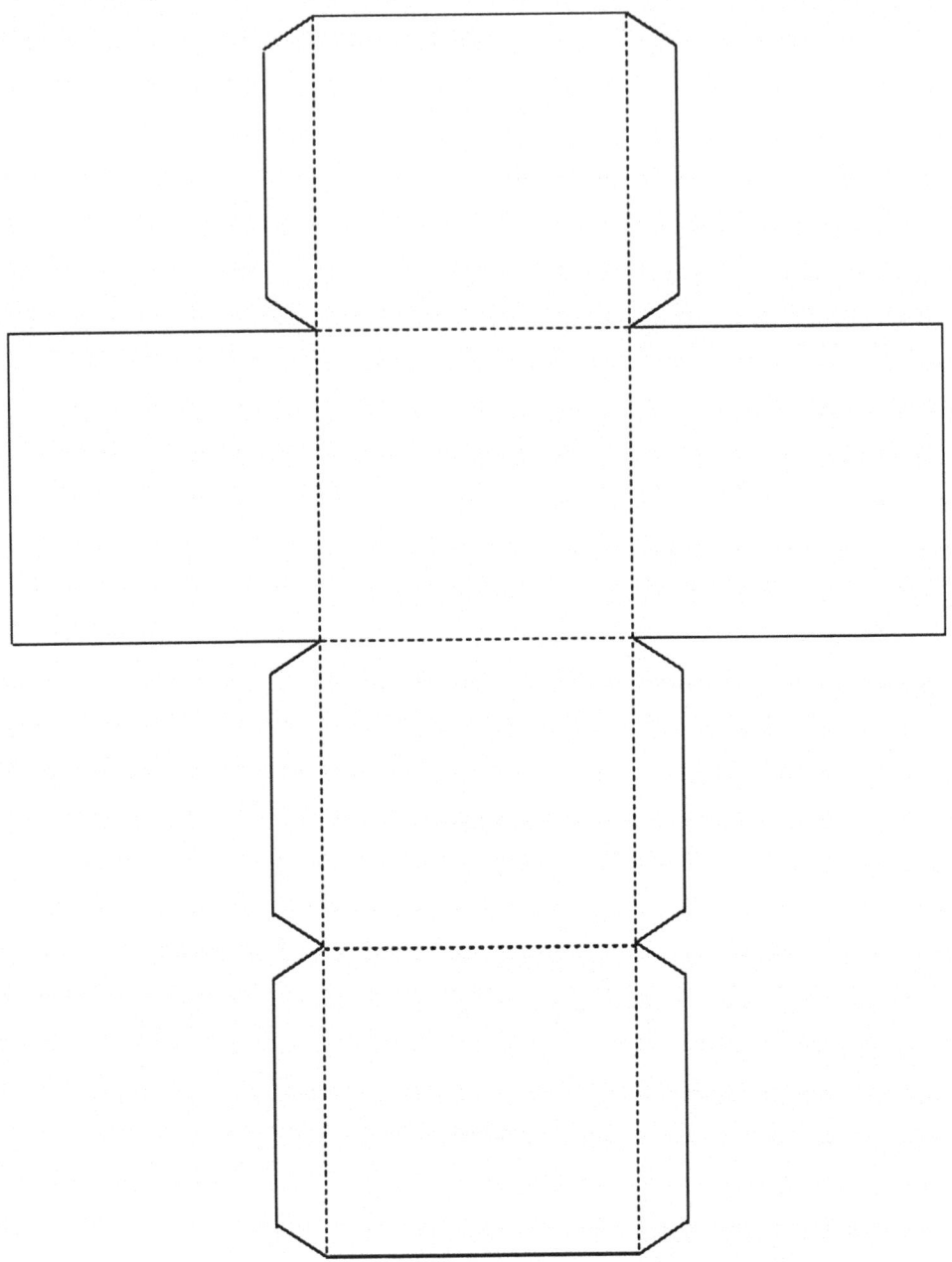

## 5.8 Malwida: Die Königin der Farben

| Farbe | Ideen für Bilder und Gegenstände |
|---|---|
| Blau | Die Welle, die Blueman-Group, der See, das Meer, der Himmel, die Schlümpfe, die Augenfarbe „blau", die Füllertinte, der Jeansstoff, der blaue Elefant aus „Die Sendung mit der Maus", das Eis, der Pool, der Schneestern, die Blaubeeren, die Polizei, die Parkscheibe, die Europa-Flagge, der Blau-Schimmel-Käse, der Blaumann |
| Rot | Die Rose, die Tomate, das Herz, die Kirsche, das Feuer, der Hummer, der Marienkäfer, die Wut/der Zorn, das Blut, der Lippenstift, die rote Karte beim Fußball, die Weihnachtsmütze, die Paprika, das Fleisch, die Verbotsschilder (z. B. Stop-Schild), die Feuerwehr, der Sonnenbrand, das rote Kreuz |
| Gelb | Die Sonnenblume, die Sonne, die Zitrone, das Licht, die Banane, der Strand, der Orangensaft, die Nudeln, der Löwenzahn, der Honig, die Biene, der BVB, der Tennisball, die Kartoffel, das Eigelb, die Warnweste, die Post, der Stern, die Sternschnuppe, der Regenmantel |
| Grau | Die Maus, der Elefant, die Steine, der Rauch/Qualm, die Regenwolke, der Beton, das graue Haar, die graue Tonne, die Asche, der Asphalt, das Silber, das Eisen, der Staub, die Graugänse, der Nebel, der Wolf, die Wollmaus |

## 5.9 Rezepte aus aller Welt

- Deckblatt Familienrezepte-Buch

# Familienrezepte

■ **Vorlage: Familienrezept**

*Familienrezept*

_____

*von*

_____

5

*Fortsetzung*

# Büchervorstellung

Sechs der neun Veranstaltungen bauen auf einer Bilderbuchgeschichte auf. Um schnell in den Veranstaltungsablauf einsteigen zu können, werden in Kap. 6 alle Bilderbuchgeschichten kurz wiedergegeben.

**6**

### ■ Das Löwen-Memory: Die Geschichte vom Löwen, der nicht schreiben konnte (Martin Baltscheit)

Den Löwen störte es überhaupt nicht, dass er nicht schreiben konnte. Bislang reichte es ihm zu brüllen und seine Zähne zu zeigen, um etwas zu erreichen. Dies änderte sich, als er die Löwin traf, die unter einem Baum ein Buch las. Er dachte, er müsste ihr einen Brief schreiben, bevor er sie küssen könnte. Daher fragte er verschiedene Tiere danach, für ihn einen Brief an die Löwin zu schreiben. Der Löwe war jedoch nicht mit den Briefen, die die Tiere für ihn formulierten, zufrieden.

Und als der Löwe einen großen Wutanfall bekam, weil der Geier geschrieben hatte, dass der Löwe mit der Löwin über den Dschungel fliegen wolle, schrie er heraus, was er alles gerne mit der Löwin täte.

Das hörte die Löwin zufällig, und so musste er zugeben, dass er nicht schreiben konnte. Das war der Beginn einer Freundschaft – A wie Anfang.

### ■ Die Weihnachtsveranstaltung: Die abenteuerliche Weihnachtsreise (Holly Hobbie)

Krümel und Drops waren Freunde und wollten zusammen in ihrem Kuckucksnest Weihnachten feiern. Doch Drops musste vorher noch zur Tante auf eine Familienfeier und die Rückreise steckte voller Schwierigkeiten. Also musste Krümel mit dem Papagei Mumpitz die Vorbereitungen alleine erledigen – und hoffte darauf, dass es sein Freund rechtzeitig schaffen würde. Und tatsächlich – mithilfe eines geheimnisvollen Schlittenfahrers – schaffte er es noch nach Hause. Krümel und Drops feierten ein herrliches Weihnachtsfest.

### ■ Buchstaben vom Winde verweht: Der Buchstabenbaum (Leo Lionni)

Der Buchstabenbaum war voller Buchstaben, die glücklich im Baum lebten, bis ein großer Sturm aufzog. Trotz aller Anstrengungen konnten sich viele Buchstaben nicht mehr auf ihren Blättern halten und wurden fortgeweht. Die verbliebenen Buchstaben verkrochen sich ängstlich im Baum. Da kam der Wortkäfer und riet ihnen, sich zusammen zu tun, damit sie dem Wind standhalten könnten. Also ließen sie sich zeigen, wie man sich zu Wörtern verbindet. Mit dem Gefühl von Sicherheit kehrten sie auf die höchsten Blätter des Buchstabenbaumes zurück. Aber die Raupe kam und beschwerte sich über das Durcheinander von so vielen Wörtern. Sie fragte die Buchstaben, warum sie sich nicht zu etwas von Bedeutung zusammentaten und etwas Wichtiges sagen wollten. Also ließen sie sich zeigen, wie man etwas Wichtiges sagt, und begleiteten die Raupe zu den Menschen.

### ■ Hannes ohne Brille

Die Waldtiere wollten gerne etwas Neues lernen und gründeten eine Schule – und alle waren willkommen. Der Rabe Cornelius war der Klügste und sollte daher der Lehrer sein. Er zeigte und erklärte, bis sich plötzlich der Maulwurf Hannes meldete, er könnte nichts sehen. Da überlegten die anderen Tiere, wie sie ihm zeigen könnten, wie der Wald riecht, wie er sich anhört und wie er sich anfühlt. Die Geschichte beschreibt, wie die Tiere den Wald mit ihren unterschiedlichen Sinnen wahrnehmen.

- **Aus Wörtern werden Sätze: Pezzettino**
  **(Leo Lionni)**

Pezzetino war unzufrieden. Er meinte, er müsste ein Stück von irgendetwas Größerem sein. Also machte er sich auf die Suche und fragte überall nach – aber nirgendwo fehlte er – bis er stürzte und in viele Teile zerbrach. Nun wusste er, dass er wie seine Freunde aus vielen Stückchen bestand und schlicht er selbst war (Anmerkung: Pezzetino ist italienisch und bedeutet Stückchen)

- **Malwida: Die Königin der Farben**
  **(Jutta Bauer)**

Malwida war in ihrem Reich die Königin der Farben. Sie mochte es, über die Farben zu bestimmen und sie herbeizurufen. Das Blau erfüllte sie und den Himmel freundlich und mild, das Rot war wild und mit ihm ritt sie durch das Königreich – es machte sie wild und gefährlich. Das Gelb war warm und hell – aber auch zickig und gemein – und so kam es, dass sich alle Farben vermischten und zu einem tristen Grau wurden. Es legte sich als Schleier über das Königreich und ließ sich lange nicht von Malwida verjagen. Nun war sie nicht mehr Königin, weil sie nicht mehr bestimmen konnte. Bis sie anfing zu weinen. Mit den Tränen verschwand das Grau und ihre Tränen wurden wieder zu Farben. Da spielten sie gemeinsam, das wilde Rot, das warme und auch gemeine Gelb und das sanfte Blau.

The manufacturer's authorised representative in the EU is Springer
Nature Customer Service Centre GmbH, Europaplatz 3, 69115 Heidelberg,
Germany. If you have any concerns regarding our products, please
contact ProductSafety@springernature.com

Printed and bound by CPI Group (UK) Ltd, Croydon, CR0 4YY

28/04/2026

02098534-0006